分県登山ガイド 12

東京都の山

山岳写真ASA 編著

山と溪谷社

分県登山ガイド――12 東京都の山

目次

●本文地図主要凡例●

紹介するメインコース。

本文か脚注で紹介しているサブコース。一部、地図内でのみ紹介するコースもあります。

Start Goal Start Goal 225m 出発点／終着点／出発点・終着点の標高数値。

管理人在中の山小屋もしくは宿泊施設。

▲ 紹介するコースのコースタイムのポイントとなる山頂。

○ コースタイムのポイント。

管理人不在の山小屋もしくは避難小屋。

東京都の山 全図

▲❶雲取山 本書で紹介する山名とコース番号
市役所・町村役場
20 国道と国道ナンバー
高速道路・自動車専用道路
JR線
JR新幹線
私鉄線
1:200,000
0
6km
N
毛呂山町
物見山
日高市
埼玉県
西武秩父線
西武池袋線
あがの
こま
もろ
高麗川
八高線
こまがわ
ひがしはんのう
はんのう
飯能市
入間市
入間IC
かねこ
青梅IC
首都圏中央連絡自動車道
所沢市
ところざわ
にしところざわ
狭山湖
多摩湖
瑞穂町
16
いくさばた
ふたまたお
青梅市
おうめ
ひがしおうめ
みやのひら
羽村市
はむら
東京都
日の出町
むさしますこ
日の出IC
411
あきがわ
多摩川
ふっさ
福生市
武蔵村山市
東大和市
ひがしむらやま
東村山市
おがわ
西武拝島線
小平市
さしいつかいち
五日市線
ひがし あきる
あきる野市
あきる野IC
秋川
はいじま
昭島市
あきしま
国分寺市
くにたち
たちかわ
立川市
小金井市
▲㉘今熊山
刈寄山
道の駅「八王子滝山」
八王子IC
こみや
国立市
府中市
ふちゅう
八王子北IC
八王子市
中央自動車道
浅川
ひの
日野市
国立府中IC
20
たかはたふどう
とよだ
京王線
にし はちおうじ
はちおうじ
㉟八王子城山
たかお
きたの
美女谷温泉
▲㉛景信山
八王子JCT
京王高尾線
極楽湯
たかおさんぐち
はちおうじみなみの
多摩市
ながやま
㉜㉝㉞
高尾山▲
弁天島温泉
高尾山IC
㊲草戸山
16
横浜線
京王相模原線
たまセンター
からきだ
あいはら
412
津久井湖
はしもと
相模原市
さがみはら
町田市

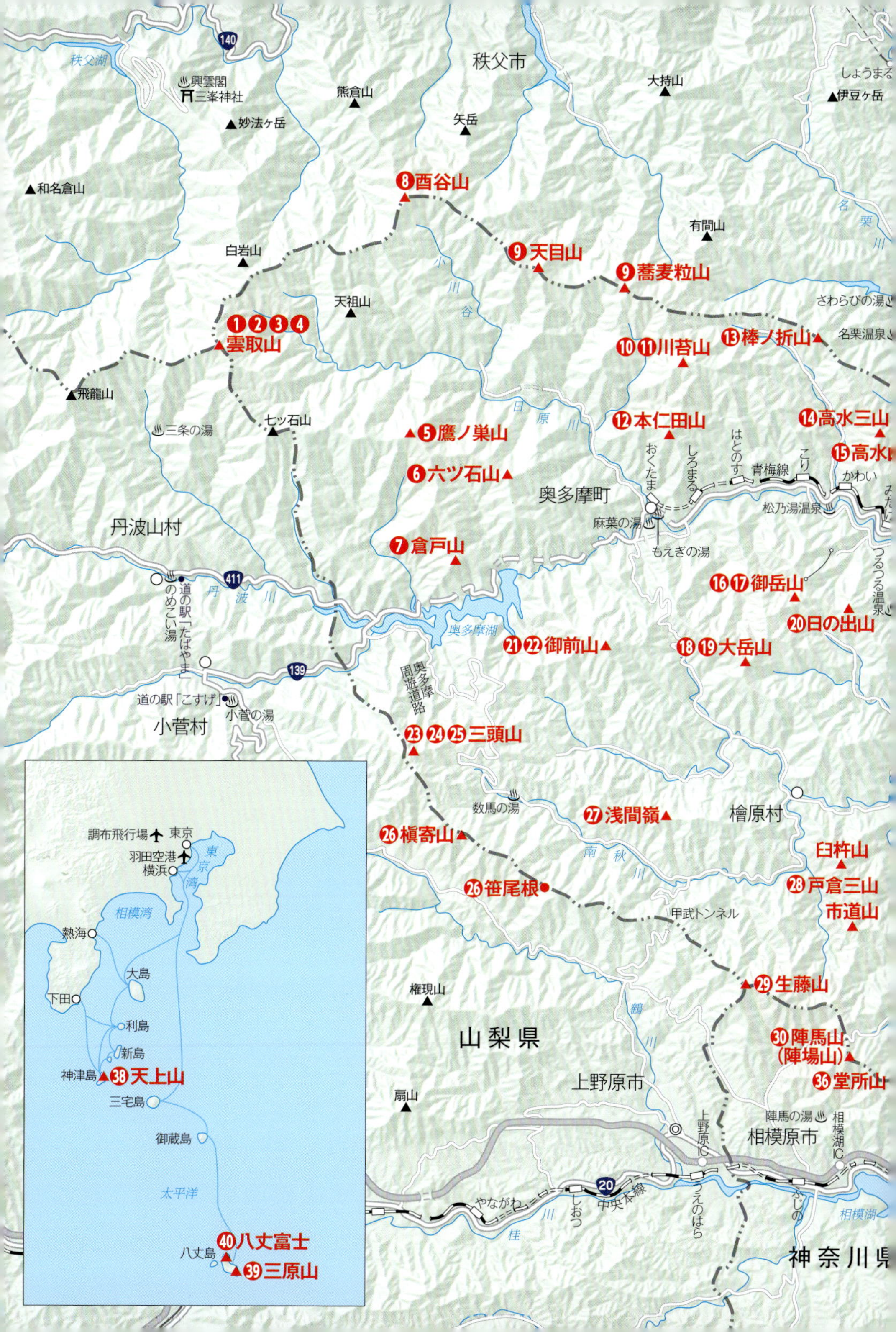
140
秩父湖
興雲閣
三峯神社
妙法ヶ岳
熊倉山
秩父市
矢岳
大持山
しょうまる
伊豆ヶ岳
和名倉山
8 西谷山
有間山
名栗川
白岩山
9 天目山
9 蕎麦粒山
小川谷
天祖山
さわらびの湯
1 2 3 4 雲取山
10 11 川苔山
13 棒ノ折山
名栗温泉
飛龍山
日原川
三条の湯
七ツ石山
5 鷹ノ巣山
12 本仁田山
14 高水三山
15 高水山
はとのす
しろまる
おくたま
こり
青梅線
かわい
6 六ツ石山
奥多摩町
松乃湯温泉
丹波山村
麻葉の湯
もえぎの湯
7 倉戸山
411
道の駅「たばやま」
のめこい湯
丹波川
16 17 御岳山
つるつる温泉
20 日の出山
奥多摩湖
21 22 御前山
18 19 大岳山
139
周遊道路
奥多摩
道の駅「こすげ」
小菅の湯
小菅村
23 24 25 三頭山
数馬の湯
檜原村
27 浅間嶺
26 槇寄山
臼杵山
南秋川
28 戸倉三山
26 笹尾根
市道山
甲武トンネル
29 生藤山
権現山
鶴川
30 陣馬山（陣場山）
山梨県
36 堂所山
扇山
上野原市
陣馬の湯
相模湖IC
上野原IC
相模原市
20
やながわ
しおつ
中央本線
うえのはら
ふじの
相模湖
桂川
神奈川県
調布飛行場
東京
羽田空港
横浜
東京湾
相模湾
熱海
大島
下田
利島
新島
神津島
38 天上山
三宅島
御蔵島
太平洋
40 八丈富士
八丈島
39 三原山

概説
東京都の山
渡邉明博

天高く高層ビルが建ち並び、1200万人の都民が暮らす首都東京。その都市部を出ると、驚くほど豊かな自然が息づいている。週末ともなれば、この貴重な自然を求めて、数多くの登山者やハイカー、行楽客の姿が見られる。

東京都は東西に長く、東京湾から続く平野部が多くの面積を占めながらも、西には緑をたたえる丘陵地帯が広がっている。地図を都心から北西にたどれば、山梨県、埼玉県、神奈川県と県境を接し、JR中央《ちゅうおう》本線が起点となり、多《た》摩《ま》川沿いにJR青梅《おうめ》線が、秋《あき》川沿いにJR五日市《いつかいち》線が通じている。この2路線を取り囲むように、「日本百名山」の雲取山《くもとりやま》を主峰とした奥《おく》多摩の峰々とその前衛の丘陵地帯、そして都民のオアシスともいえる高尾山《たかおさん》周辺の山々が集まっている。また、火山島が連なる伊豆《いず》諸島の山も、東京都の山として忘れてはならない存在である。

●山域の特徴

●奥多摩の山々　秩父《ちちぶ》多摩甲斐《かい》国立公園に属する山々で、火山が全くないことも大きな特徴だ。都心から比較的近く、移動時間が2～3時間ほどにもかかわらず、緑豊かな森林と深く切れこんだ渓谷を有し、悠久の時を感じられる。

奥多摩は多摩川源流の山域と、支流の秋川流域の山域に分けられる。まず多摩川源流の山は、東京都最高峰の雲取山（2017メートル）を筆頭に、鷹《たか》ノ巣山《すやま》、六《む》ツ石山《いしやま》がある。いずれも多摩川に並行する石《いし》尾根に連なる山々で、比較的標高の高い山が多い。この石尾根と多摩川支流の日原《にっぱら》川を挟んで対峙する山々の連なりが埼玉県境でもある長沢背稜《ながさわはいりょう》で、西谷山《とりだにやま》、天目《てんもく》山《ざん》、蕎麦粒山《そばつぶやま》などが続く。いずれも険しくルートも長く、登りがいのある山々だ。埼玉県境の尾根はさらに川苔山《かわのりやま》、本仁田山《ほにたやま》、棒《ぼう》ノ折《おれ》山《やま》、高水三山《たかみずさんざん》と標高を下げながら続いている。

一方、秋川流域の山々には、三《み》頭山《とうさん》、御前山《ごぜんやま》、大岳山《おおだけさん》をはじめ、御岳山《みたけさん》、日《ひ》の出山《でやま》、笹《ささ》尾根、浅間《せんげん》嶺《れい》、戸倉《とくら》三山などがある。いずれも1000メートル近くあり、眺望がよいのが特徴だ。なかでも奥多摩三山として人気があるのが、都民の森として整備された三頭山、カタクリが有名な御前山、コブ状の山頂が特徴の大岳山で、訪れる人も年々増え続けている。1993（平成5）年からはじまった「山岳耐久レース」も、この奥多摩の山々を駆け抜けることで知られる。

また、奥多摩は名瀑も多く、百《ひゃく》尋《ひろ》ノ滝や三頭大《おお》滝、払沢《ほっさわ》の滝、栃《とち》寄《より》大滝などは有名だ。その圧巻の眺めを楽しむ登山コースも整備されているので、一度は訪れてみたい。本書では紹介はしていないが、谷が多いことから沢登りのフィールドとしても名高い。

森の中では猿や鹿などの姿を見かけることも多いが、近年は猪や熊の出没もあるので気をつけたい。

登山道はおおむねよく整備されているが、起伏に富み、急登やク

年間登山者数約250万人、世界一登山者の多い山としてギネスに載る高尾山

東京都最高峰（2017㍍）にして日本百名山の雲取山（七ツ石山から）

サリ場、石灰岩《せっかいがん》の露岩も多く、雨にぬれるとすべりやすいので注意が必要だ。その石灰岩が浸食されてできた鍾乳洞《しょうにゅうどう》がいくつかあるので、山行帰りに見学していこう。加えて山麓に日帰り温泉施設も充実してきたので、下山後の楽しみとして計画に入れてみてもいい。

●高尾山周辺の山　都民に最も親しまれている高尾山、そして高尾山から景信山《かげのぶやま》、陣馬山《じんばさん》にいたる山稜は、いずれも1000㍍に満たない低山だが、都心から1時間というアプローチのよさと高尾山のケーブルカーやリフトのおかげで登りやすく、ミシュランの三つ星にも選ばれたこともあり、常ににぎわっている。穏やかな尾根は明るい草原や林が続き、四季折々の花を愛で、また小鳥のさえずりに耳を傾けながらのんびり歩ける。

春や秋には遠足に来た子どもたちの歓声が聞かれ、春の花見を皮切りに一年を通じて家族連れや、老若男女の幅広い年齢層の人々が訪れ、まさに都民の憩いの山、癒しの場にふさわしい山域だ。

高尾山一帯に自生する植物は1600を超え、まさに植物の宝庫といえる。一方、高尾山周辺でも北山稜や南山稜は標高が低いながらも起伏に富み、訪れる人も少なく静かな山歩きが楽しめる。

●島嶼《とうしょ》部の山　伊豆七島《しちとう》は、大《おお》島、利《と》島、新《にい》島、神津《こうづ》島、三宅《みやけ》島。御《み》蔵《くら》島、八丈《はちじょう》島を指す。いずれも東京都に所属し、全島が富士《ふじ》火山帯に属する火山島。太平洋の荒波によって海食崖《かいしょくがい》が発達し、平野が狭い点が共通している。本書では伊豆七島のうち、代表的な神津島と八丈島をとりあげた。

それぞれの島の中ほどに標高400〜800㍍の火山があり、溶岩流や爆裂火口、砂漠などが随所に見られるだけに、奥多摩や高尾の山とはまったく異なる登山が楽しめる。たどり着いた山頂からの眺望はさえぎるものがなく、「まさに絶景！」の一語に尽きる。

島へのアプローチは大型客船、ジェット船、飛行機だが、便数が少ない上、天候に左右され運航できないことも。島の観光やマリン

神津島・天上山の山上に広がる裏砂漠

スポーツと合わせ、余裕ある日程で登山を計画するのが望ましい。

四季の魅力

東京都の山の魅力のひとつが四季の変化。比較的ゆっくりと季節が進むので、長い期間にわたり楽しめるのが大きな特徴だ。雲取山から高尾山では標高差が1500メートルもあり、新緑、紅葉ともに、その進行度の幅は大きい。低山では秋の気配だが、雲取山では降雪となり雪山装備が必要なことも。

御岳山のレンゲショウマ

一方、島嶼部は奥多摩や高尾山と違い、南国感たっぷりで島内観光も含めて楽しみたい。

●春　低山では4月に芽吹きとともに新緑がはじまり、5月下旬にかけ雲取山など標高の高いエリアに上っていく。スミレやサクラ、ミツバツツジにシャクナゲと華やかな季節になる。生藤山のサクラや御前山のカタクリが有名だ。

●夏　初夏を彩るレンゲツツジや8月の御岳山のレンゲショウマは見応えがある。高尾山にはビアガーデンがあり、プラスαの楽しみ方もできる。ただし雲取山以外の大半の山が蒸し暑く、熱中症などに気をつけなければならない。

●秋　紅葉は雲取山からはじまり、約2か月をかけ高尾山などの低山に降りてくる。四季の中でも最も長く彩りを楽しめるのが秋である。モミジ、コナラ、ブナなどの色づきがみごと。リンドウやアザミなど秋に咲く花も多く見られる。

●冬　冬晴れで澄みわたる日が多くなり、日だまりハイクが人気を集める。ただし時として南岸低気圧が進んでくると大雪になり、高尾山でも50センチを超えることもある。とくに雲取山の稜線は雪の量が多くなるため、本格的な冬山装備が必要になる。冬至の頃に見られる高尾山のダイヤモンド富士は師走の一大イベントだ。

登山前の心構え

東京都の山は身近なぶん、安易な行動計画や、装備面での不足が多いように見受けられる。北や南アルプスに比べれば簡単に登れるイメージをもつ人が多いが、時間のかかるロングコースもある。また、登山道の踏み外しによる滑落や道迷いによる遭難も、近年、件数が増えている。時間がかかるということでは、奥多摩の長沢背稜はアップダウンがきつく下山ルートも限られるので、余裕のある山行計画が必要だ。点在する避難小屋に宿泊しながら歩く登山者も増えているが、避難小屋によっては、連休の時などは混み合って泊まれないこともあるので要注意。このエリアは大雨や台風のあとには、登山道が一変することもある。

奥多摩には急登も多く、下る際にすべって怪我をしないように注意をしたい。冬の日だまりハイクでも、凍結しているところでは軽アイゼンは必携となる。

奥多摩はまだまだブナが残る。新緑は5月、紅葉は10〜11月が見ごろ（赤杭山）

JR青梅線奥多摩駅。各登山口へのバスの発着のほか、直接駅から登れる山もある

↑分岐などにある道標では、必ず進行方向をチェックしよう

←沢沿いのコースでは増水にも注意

最新の登山道の状況や熊の出没情報などは奥多摩ビジターセンターのホームページで確認できるので、参考にするといいだろう。

島嶼部については、天候の変化を先まで確認しておかないと、欠航などの影響で帰りの予定が立たなくなることも。加えて島までの交通だけでなく、島内の交通状況もしっかり確認しておきたい。

このように、登山エリアや季節により装備や登山スキル、計画日数も異なるので、油断せず的確な判断で準備を進めていただきたい。

●執筆にあたって

本書は東京都山岳連盟に加盟している「山岳写真ASA」の会員が分担して取材・執筆した。自らが歩き、GPSを使用して歩いたルートの記録をとり、さらに撮影した写真により、登山道の様子や展望の魅力を伝えることを目指したものだ。この本を通じ、東京にもまだまだ豊かな自然があること、それらを守りながら山に登るすばらしさを感じていただけたら著者冥利に尽きる。より多くの方に、都市としての東京とは別の魅力が伝わることを願ってやまない。

（山岳写真ASA会長）

写真＝大倉洋右、渡邉明博、星野恒行、塩田論司、楠田英子、庄内春滋

本書の使い方

■日程　東京都内の各都市を起点に、アクセスを含めて、初・中級クラスの登山者が無理なく歩ける日程としています。

■歩行時間　登山の初心者が無理なく歩ける時間を想定しています。ただし休憩時間は含みません。

■歩行距離　2万5000分ノ1地形図から算出したおおよその距離を紹介しています。

■累積標高差　2万5000分ノ1地形図から算出したおおよその数値を紹介しています。は登りの総和、は下りの総和です。

■技術度　5段階で技術度・危険度を示しています。は登山の初心者向きのコースで、比較的安全に歩けるコース。は中級以上の登山経験が必要で、一部に岩場やすべりやすい場所があるものの、滑落や落石、転落の危険度は低いコース。は読図力があり、岩場を登る基本技術を身につけた中～上級者向きで、ハシゴやクサリ場など困難な岩場の通過があり、転落や滑落、落石の危険度があるコース。は登山に充分な経験があり、岩場や雪渓を安定して通過できる能力がある熟達者向き、危険度の高いクサリ場や道の不明瞭なやぶがあるコース。は登山全般に高い技術と経験が必要で、岩場や急な雪渓など、緊張を強いられる危険箇所が長く続き、滑落や転落の危険が極めて高いコースを示します。『東京都の山』の場合、が最高ランクになります。

■体力度　登山の消費エネルギー量を数値化することによって安全登山を提起する鹿屋体育大学・山本正嘉教授の研究成果をもとにランク付けしています。ランクは、①歩行時間、②歩行距離、③登りの累積標高差、④下りの累積標高差に一定の数値をかけ、その総和を求める「コース定数」に基づいて、10段階で示しています。が1、が2となります。通常、日帰りコースは「コース定数」が40以内で、～（1～3ランク）。激しい急坂や危険度の高いハシゴ場やクサリ場などがあるコースは、これに～（1～2ランク）をプラスしています。また、山中泊するコースの場合は、「コース定数」が40以上となり、泊数に応じて～もしくはそれ以上がプラスされます。『東京都の山』の場合、が最高ランクになります。

紹介した「コース定数」は登山に必要なエネルギー量や水分補給量を算出することができるので、疲労の防止や熱中症予防に役立てることもできます。体力の消耗を防ぐには、下記の計算式で算出したエネルギー消費量(脱水量)の70～80%程度を補給するとよいでしょう。なお、夏など、暑い時期には脱水量はもう少し大きくなります。

	時間の要素		距離の要素		重さの要素
行動中のエネルギー消費量（kcal）＝	1.8×行動時間（h）	＋	0.3×歩行距離（km）＋10.0×上りの累積標高差（km）＋0.6×下りの累積標高差（km）	×	体重（kg）＋ザック重量（kg）
	山側の情報 ―「コース定数」				登山者側の情報

＊kcalをmlに読み替えるとおおよその脱水量がわかります

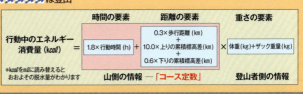

東京都の山の花

東京都の山は雲取山のように標高が2000㍍を超えるものから、その10分の1程度の標高の丘陵まで幅広く、花の種類もバラエティに富む。ここでは、山道で見られる花のいくつかを紹介する。

写真＝青木貴子、大倉洋右、菊地弘幸、楠田英子、高梨智子、宮川 正、渡邉明博

木の花

ウメ 3月 高尾山

アセビ 4月 霧藻ヶ峰

アブラチャン 3月 高尾山

ヤマブキ 4月 高尾山

モミジイチゴ 4月 浅間嶺

モクレン 3月 高尾山

ミツバツツジ 4月 川苔山

シャクナゲ 4月 三峯神社

ソメイヨシノ 4月 景信山

ヤマザクラ 4月 浅間嶺

ミツマタ 4月 高尾山

フジ 5月 景信山

シロヤシオ 5月 御岳山奥の院

オオシマツツジ 5月 神津島・天上山

コゴメウツギ
5月 浅間嶺

ヤマツツジ
5月 浅間嶺

マルバウツギ 5月 浅間嶺

ムラサキヤシオ 5月 大粟山

アジサイ 6月 高尾山

ヨゴレネコノメ
3月 小下沢

コチャルメルソウ
3月 日影沢

イワウチワ
4月 広沢山

イカリソウ 4月 堂所山

ハシリドコロ 3月 小下沢

赤色系の花

クワガタソウ
5月 景信山

アザミ 10月 高尾山

ジュウニヒトエ
5月 景信山

エイザンスミレ 4月 浅間嶺

ヒガンバナ 9月 城山

白色系の花

タカオスミレ 3月 高尾山

シモバシラソウ 1月 高尾山
（氷の結晶・花は８月）

アズマイチゲ
3月 高尾山

ハナネコノメソウ
3月 日影沢

ユリワサビ
3月 小下沢（林道）

マルバシャリンバイ
5月 神津島・天上山

セッコク 5月 高尾山

ユキノシタ 5月 浅間嶺

ニリンソウ 3月 高尾山

紫・褐色系の花

オオイヌフグリ
3月 高尾山

ムラサキケマン 3月 高尾山

アオイスミレ
3月 高尾山

ナガバノスミレサイシン
3月 高尾山

ヤマエンゴサク
3月 高尾山

カタクリ 4月 御前山

オウギカズラ 5月 高尾山

シャガ 5月 景信山

ミミガタテンナンショウ
4月 高尾山

ヤマルリソウ
4月 小下沢（林道）

ミヤマキケマン
3月 高尾山

フタリシズカ
5月 浅間嶺

チゴユリ 5月 槇寄山

ギンリョウソウ 5月 サス沢山

ヤマブキソウ
3月 日影沢

キバナノアマナ
3月 高尾山

ヤマボウシ 6月 高尾山・一丁平

オカトラノオ 7月 高尾山

ヤマユリ 9月 浅間嶺

オオバギボウシ
9月 浅間嶺

ホウチャクソウ 5月 景信山

ネコノメソウ 5月 御前山

黄色系の花

ニガナ 5月 高尾山

ホタルブクロ
9月 浅間嶺

ツリガネニンジン
10月 城山

ツリフネソウ 10月 高尾山

ヒメレンゲ
5月 御前山

リンドウ 11月 堂所山

オヤマボクチ 11月 三頭山

トリカブト 11月 三頭山

01

平将門迷走伝説のルートをたどり、東京都の最高峰へ

雲取山①

一泊二日

鴨沢～雲取山～三条の湯

くもとりやま
2017m

第1日　歩行時間＝5時間50分　歩行距離＝10・9km
第2日　歩行時間＝5時間55分　歩行距離＝14・2km

技術度 ■■□□□
体力度 ■■■□□

コース定数	＝**53**
標高差	＝1481m
累積標高差	↗2321m ↘2290m

↑七ツ石山から雲取山へと続く石尾根を望む

→東京都の最高点・標高2017㍍の雲取山山頂。雲の奥に富士山が頭を出している

東京都、埼玉県、山梨県の3都県にまたがる雲取山への数あるコースのうち、本コースは登山道がしっかり整備されているうえ、登山口へのアクセス、下山口からの帰路にも恵まれていて、はじめて雲取山に登る人におすすめだ。

第1日　奥多摩《おくたま》駅からバスで**鴨沢《かもさわ》バス停**下車、国道を丹波《たば》方面にわずかに進む。右手に折れて坂道を少し上がり、案内看板にしたがい分岐を左手に進む。なだらかな登り傾斜の道を20分ほど歩くと、2017（平成29）年にバイオトイレが新設された**丹波山《たばやま》村村営（小《こ》袖《そで》）駐車場**に出る。駐車場から舗装された林道を約5分進んだ左手に**登山道入口**がある。

最初は植林された針葉樹林帯の中を進む。しばらくすると広葉樹林が入り混じった様相に変わる。緩やかに登る道すがら、石祠や石垣がある。それらを歩きすごして、登山口から1時間ほどで水場方向を示す目印に出会う。水場は登山道を左手に少し登った木立の中にある。水場入口から数十㍍先に、休憩に適した**広場**がある。ここからもなだらかな登りが続く。

風呂《ふろ》岩や**堂所《どうどころ》**といった将門《まさかど》迷走伝説ゆかりの場所を経て40分ほど進むと、七ツ石山《ななついしやま》にいたることを示す道標が現れ、登山道が90度以上右に折れる。この道標の前後の場所からは晴れて空気の澄んだ日には、南西方面に富士山《ふじさん》を望むことができる。

道標からはやや登り傾斜がきつくなる。30分ほど登ると、七ツ石山を巻いて雲取山にいたる道と、

七ツ石山小屋手前の登山道

明るく開けた石尾根を雲取山へと登っていく（前方の建物は雲取山避難小屋）

七ツ石山山頂を経由して雲取山にいたる道との分岐に着く。

分岐を右にとり、七ツ石山山頂方面に進む。ここから七ツ石小屋までもやや急な登りが続く。**七ツ石小屋**には売店やトイレ、水場がある。

七ツ石小屋を出るとすぐ分岐に出るが、ここは七ツ石山の山頂方面に進む。石《いし》尾根に出るまでは急登だが、その先はなだらかになり、まもなく展望のよい**七ツ石山**の山頂に着く。

七ツ石山から**ブナ坂**までは急坂を下る。ブナ坂から雲取奥多摩小屋まではなだらかな登りで、富士山や大菩薩嶺《だいぼさつれい》を眺めながらの心地よい山歩きが堪能できる。

雲取奥多摩小屋跡から**小《こ》雲取山**までは急登が続き、また、雲取山避難小屋の手前も短い急登がある。避難小屋をすぎるとすぐに1等三角点のある**雲取山**山頂に出る。

雲取山の山頂から北面の雲取山荘までは最初急な下りだが、徐々に傾斜が緩まる。15分ほどで**雲取山荘**にいたる。

第2日　まずは**雲取山荘**から雲取山まで登り返す。**雲取山**の山頂からは飛龍山《ひりゅうさん》や七ツ石山など奥多摩の山々や富士山を見わたすことができ、ご来光を拝するのもよい。

山頂から避難小屋方向にわずかに進み、右手（西方向）の急坂を下っていく。しばらくすると、飛龍山方面と三条《さんじょう》の湯に向かう分岐がある**三条ダルミ**とよばれる平坦なところに出る。道標にしたがい三条の湯方面に向かう。

三条の湯へはひたすら下る道となる。登山道は狭く木橋のある箇

新緑がまぶしい堂所への登山道を行く

＊コース図は22・23㌻を参照。

七ツ石山からの東面の眺め。中央やや右の高みは飛龍山、左奥は冠雪する南アルプス

所もあるが、特段の危険はない。ただし、早春に道の一部が崩落している箇所があったりするので注意したい。

青岩《あおいわ》鍾乳洞（閉鎖）への分岐をすぎて沢のせせらぎが聞こえてきたら、**三条の湯**は間近である。三条の湯は鉱泉のある宿泊施設で、登山客の宿泊も可能だ。

三条の湯からは沢沿いの整備された道を下り、30分ほどすると**後《うしろ》山《やま》林道の終点**に出る。幅が広く歩きやすい林道をひたすら下り、**塩《しお》沢《ざわ》橋**を通過し**片倉《かたくら》橋**まで行くと、車輌通行止めのゲートがある。

片倉橋から40分ほどで終着点の**お祭《まつり》バス停**に到着する。

（鈴木弘之）

年間1万人の登山者が訪れる雲取山荘

アセビが咲く三条の湯への下山道

■鉄道・バス

往路＝JR青梅線奥多摩駅から西東京バスで鴨沢へ。

復路＝お祭から西東京バスで奥多摩駅へ。国道411号を東の鴨沢西バス停まで歩けば若干便数が多い。

■マイカー

圏央道日の出ICから都道、国道411号などで小袖乗越の丹波山村村営駐車場（約50台・無料。トイレあり）へ。下山後はお祭バス停から前述のバスで鴨沢バス停まで戻る。駐車場は新緑や紅葉の時期は日の出の時刻から満車になる。

■登山適期

雲取山荘は通年営業のため、一年を通じて登山が可能。とくに5月中旬から6月上旬の新緑の時期や、10月下旬から11月上旬の紅葉の時期がおすすめ。

■アドバイス

CHECK POINT

1

鴨沢バス停から丹波方面に進み、右上の小袖への道に入る

2

小袖林道にある丹波山村営駐車場。広い駐車場やトイレがある

3

駐車場から林道を5分ほど行くと雲取山への登山道入口がある

4

堂所への登りに置かれている石祠。手を合わせていこう

5

登山口から1時間ほどで水場への分岐に出る。水場は左に少し登る

6

七ツ石山手前の巻道との分岐。七ツ石小屋へは右へ、雲取山へは左へ進む

7

標高1600㍍地点に建つ七ツ石小屋。素泊まりで、テント場もある

8

好展望の七ツ石山。目指す雲取山方面もよく見える

9

ブナ坂では右から唐松谷からの道、左から七ツ石小屋手前の巻道が合流する

10

素泊まりの雲取奥多摩小屋。小屋前にはテント場もある（現在は閉鎖）

11

小雲取山手前にある富田新道との合流点

12

雲取山荘のそばにある奥秩父先縦者・田部重治氏のレリーフ

13

山頂からやや急な道を下ると、平地の三条ダルミに出る。ここで稜線を離れる

14

三条の湯への下りは急な傾斜や足場の悪い木橋などがあり、やや注意を要する

15

後山林道上にある片倉橋のゲート。お祭バス停まではあと40分ほど

16

お祭バス停。国道を東へ約20分歩いた鴨沢西バス停の方がバスの本数は多い

▽逆コースの場合、1泊目を三条の湯にして早朝に出発して雲取山に登り、鴨沢まで下山する。
▽三条の湯からは長い林道歩きとなるので、雨の日は傘があるとよい。
▽七ツ石小屋（収容12人）、雲取山荘（収容200人）、三条の湯（収容80人）はいずれも通年営業（ただし七ツ石小屋は素泊まりのみ）。雲取奥多摩小屋は2019年3月に閉鎖され、テント場も使用できない。

三条の湯。近くでとれた山菜や野菜でつくられた食事が人気。テント泊や入浴のみの利用もできる（600円）

■問合せ先
奥多摩町観光産業課☎0428・83・2111、丹波山村温泉観光課☎0428・88・0211、奥多摩ビジターセンター☎0428・83・2037、西東京バス氷川車庫☎0428・83・2126、七ツ石小屋☎090・8815・1597、雲取山荘☎0494・23・3338、三条の湯☎0428・88・0616

■2万5000分ノ1地形図
雲取山・丹波

02

歴史ある神社を起点に雲取山・石尾根の山々をめぐるロングコース

雲取山②

三峯神社～雲取山～奥多摩駅

くもとりやま 2017m

一泊二日

第1日 歩行時間＝4時間50分 歩行距離＝8・3km

第2日 歩行時間＝9時間5分 歩行距離＝19・1km

技術度 ■■□□□

体力度 ■■■□□

コース定数＝58

標高差＝1712m

累積標高差 ↗2323m ↘3023m

荘厳な三峯神社拝殿。神社内の宿泊施設「興雲閣」では立ち寄り入浴ができる

鞍部のお清平。この先は急登となる

埼玉県、東京都、山梨県の3都県にまたがった県界尾根に位置する雲取山は東京都の最高峰で、室町《むろまち》時代まで遡る修験道の行場だ。

ここでは、秩父側の三峯《みつみね》神社から入山して雲取山荘に泊まり、石尾根を奥多摩駅に下るロングコースを紹介する。

第1日　三峯神社バス停をあとに、三峰ビジターセンター、みやげ物店街に出る。4月下旬であればツツジが見ごろだ。

奥宮《おくみや》参道入口の石柱をすぎてヒノキやスズタケの雑木林を進み、**妙法ヶ岳《みょうほうがたけ》への分岐**を直進して二股桧《ふたまたひのき》へ。道は平坦となり、小広い**炭焼平《すみやきだいら》**へと入っていく。炭窯の跡がある休憩ポイントだ。道は整備され、随所にベンチが設置されている。

ブナ林の道は傾斜を増し、**地蔵峠《じぞうとうげ》**にいたる。両神山《りょうかみさん》や三峰山の展望地である。アセビの樹木を抜けると霧藻ヶ峰《きりもがみね》の山頂で、露岩に山名をつけられた秩父宮《ちちぶのみや》ご夫妻のレリーフがある。トイレ、休憩所もあり、休日は宿泊もできる。

そこから木の根や岩の急坂を下れば**お清平《きよだいら》**で、左から大陽寺《たいようじ》からの道が合流する。この先はツガ、シラビソの道幅の狭い急登となり、小さなアップダウンをくり返しながら徐々に標高を上げていく。

■**鉄道・バス**

往路＝西武鉄道西武秩父駅または秩父鉄道三峰口駅から西武観光バスで三峯神社へ。

復路＝JR青梅線奥多摩駅。

■**マイカー**

縦走コースのためマイカーは不適。

■**登山適期**

4～5月の新緑、10～11月の紅葉の時期が最適。積雪期は三峯神社から雲取山荘までトレースがつけられていることがあるが、雲取山荘に事前に確認する必要がある。標高は2000メートルを超えるが、盛夏の登山は暑さ対策を充分にして臨む。

■**アドバイス**

▽三峯神社に行くバスは平日の早朝便はないので、人数がまとまればタクシー利用も考慮したい。

▽三峯神社バス停の周辺には三峯神社や三峯博物館、三峰ビジターセンター、三峰公園（カタクリ＝3月下旬～4月下旬、ミツバツツジ＝4月中旬～5月上旬、シャクナゲ＝4月下旬～5月上旬）などがあるので、時間に余裕があれば訪れてみたい。

▽天候具合、体調不良などで下山する場合は、往路を戻るのがベスト。ブナ坂から鴨沢に下り、バスで奥多摩駅に向かうコースもある（14ページ「雲取山①」参照）。

▽下山後に汗を流すなら、奥多摩駅近くにもえぎの湯（月曜休）がある。

霧氷の雲取山山頂からから望む富士山

苔むした原生林の中を緩く登ると富士山《ふじさん》も望まれる前白岩山《まえしらいわやま》で、少し下れば**白岩小屋跡**に着く。その先は緩い登りとなり、ダケカンバが出てくると、木立に覆われた白岩山の山頂だ。白岩山は妙法ヶ岳、雲取山とともに三峰山の一峰をなす。

白岩山をあとに下っていくと、長沢山《ながさわやま》への分岐がある芋《いも》ノ木《き》ドッケの平坦地に着く。この先の西側斜面をトラバースぎみに下る箇所は、日当たりが悪く気温の低い時は凍結し、滑落事故が多発してい

■問合せ先

秩父観光協会大滝支部☎0494・55・0707、三峯神社☎0494・55・0241、奥多摩町産業観光課☎0428・83・2111、奥多摩ビジターセンター☎0428・83・2037、西武観光バス☎0494・22・1635、秩父丸通タクシー☎0494・22・3633、西東京バス氷川車庫☎0428・83・2126、雲取山荘☎0494・23・3338、七ツ石小屋☎090・8815・1597、もえぎの湯☎0428・82・7770

■2万5000分ノ1地形図

三峰・雲取山・奥多摩湖

霧藻ヶ峰からの北西の眺め（中央奥は両神山）

（左上）ミツバツツジ
（左）シャクナゲ
（上）アセビ

＊コース図は24・25ページを参照。

るので注意しよう。40分ほど下ると**大《おお》ダワ**に出るが、日原《にっぱら》からの大ダワ林道は通行不能となっている。

大ダワから雲取山荘へは尾根道（男坂）と巻道（女坂）があるが、巻道の方が歩きやすい。廃屋の雲取ヒュッテ跡をすぎると、**雲取山荘**に着く。夜になれば都内の夜景も望めるというから楽しみだ。時間に余裕があれば、小1時間ほどで**雲取山**の山頂まで往復できる。

第2日　雲取山荘をあとにし、原生林の急斜面を登ると、大きく展望が開け、**雲取山**の山頂に着く。南から西方面にかけて奥多摩《おくたま》の山々や南アルプス、富士山が望める。

山頂台地の南側に建つ避難小屋から南東に下り、長い石《いし》尾根を歩く。幅広い尾根道を下りて**小《こ》雲取山**を巻き、急な斜面を下ると**雲取奥多摩小屋跡**に出る。

やがて鴨沢《かもさわ》と日原の分岐点がある**ブナ坂**に出る。直進してカラマツの急斜面を登ると、**七《なな》ツ石山《いしやま》**の山頂に着く。振り返ると雲取山が大きく望め、その姿が美しいことに気付くだろう。少し下れば左に古い七ツ石神社がある。

七ツ石小屋への分岐を2つすぎ、尾根の右を巻くと千本《せんぼん》ツツジだ。その先のヤマツツジが咲く高《たか》丸山《まるやま》、日蔭名栗峰《ひかげなぐりみね》の南側を巻いて進むと**鷹《たか》ノ巣山《すやま》避難小屋**がある。

尾根筋に道をとると、展望が開けた**鷹ノ巣山**の山頂だ。山頂からさらに石尾根をたどって**水根山《みずねやま》**、ついで城山《しろやま》をすぎると将門馬場《まさかどばば》で、ほどなく**六《む》ツ石山《いしやま》への分岐**にいたる。**六ツ石山**の山頂へは10分ほどで往復できる。広々とした草原の山であり、展望もよいので行ってみよう。

分岐に戻り、**三《さん》ノ木《き》戸山《どやま》**の北側を巻いて植林地を歩くが、すべりやすい削られた赤土に注意して進もう。

やがて長い下りも終わり、車道に出て舗装道路を歩く。民家の中を下ると国道に出て、氷川大橋を渡ると**奥多摩駅**は近い。

（大倉洋右）

雪の雲取山山頂。雲取山の標高と同じ2017年に建てられた記念碑（写真右奥）、明治16（1883）年に設置された原三角測点（右手前）がある

ツツジに彩られる三峯神社奥宮への入口

石尾根のブナ林を鷹ノ巣山へと向けて進んでいく

白岩山山頂。鹿をよく見かける

CHECK POINT

1

三峯神社奥宮への参道入口。雲取山への登山口でもある

2

妙法ヶ岳からの道が合流する炭焼平。名前通り窯跡が残っている

3

霧藻ヶ峰には、山名の名付け親の秩父宮両殿下のレリーフが埋めこまれている

4

白岩小屋跡からは西面に日本二百名山の和名倉山(白石山)が見える

5

芋ノ木ドッケ。雲取山荘へは右の巻道をたどる

6

芋ノ木ドッケ西面の巻道。凍結による滑落に注意する

7

大ダワで尾根通しの男坂と巻道の女坂が分かれる。女坂が歩きやすい

8

雲取山荘。山荘前からは日の出が拝め、東京の夜景も見える

9

ブナ平。七ツ石山への登りの起点。右に行くと七ツ石小屋へエスケープできる

10

展望のよい七ツ石山。山頂先の分岐を右に下ると七ツ石小屋がある

11

広々とした鷹ノ巣山の山頂。南側の展望が開けている

12

樹林の中の水根山山頂。ほんの少し石尾根縦走路から外れているので注意

13

カラマツ林の中の六ツ石山山頂。縦走路からは往復10分ほど

14

狩倉山の山頂。山頂南側の巻道を通ってもよいだろう

15

三ノ木戸山から奥多摩駅への下りは、途中赤土の滑りやすい箇所がある

16

ゴールのＪＲ青梅線奥多摩駅。時間があれば近くのもえぎの湯で汗を流そう

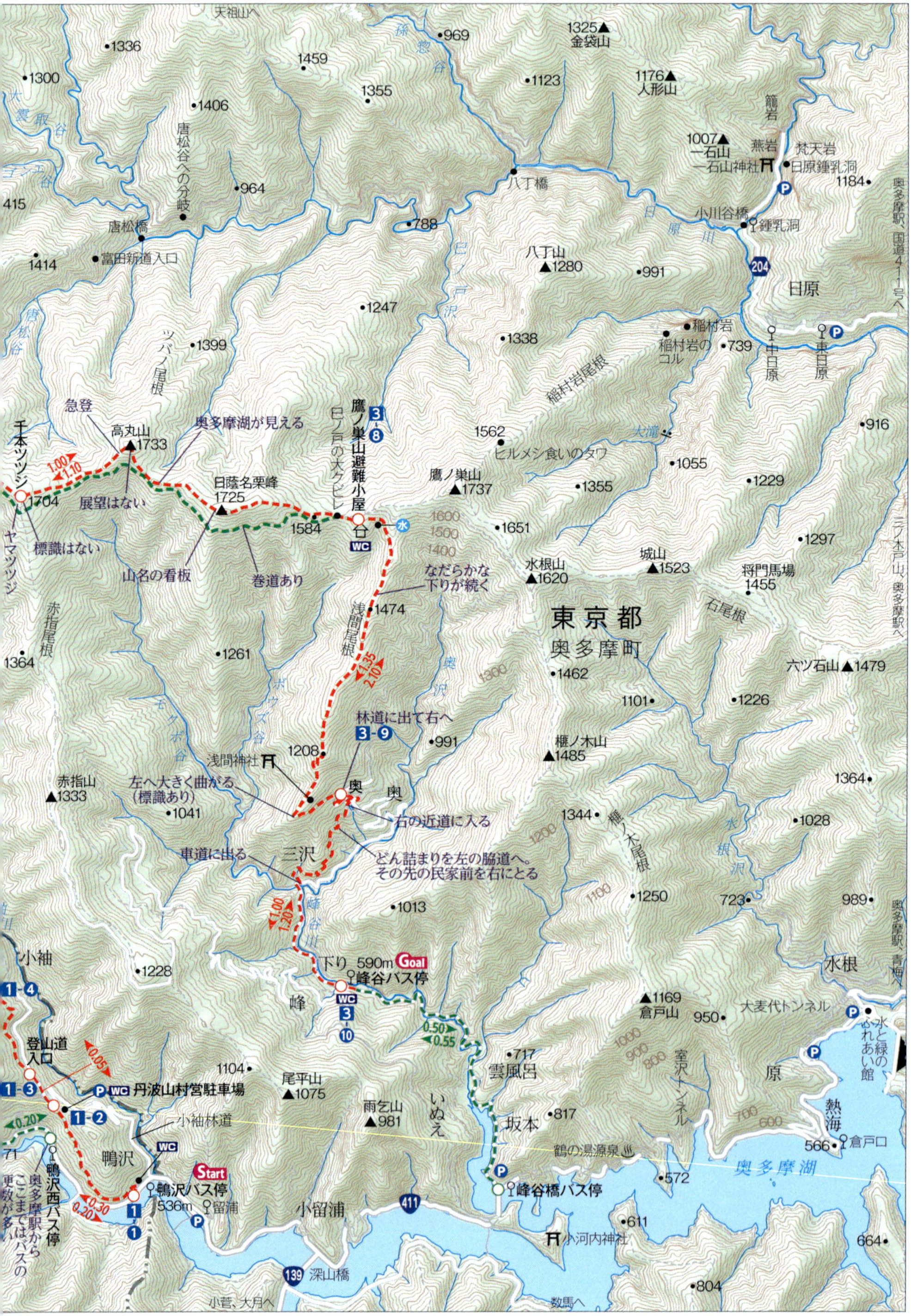
天祖山へ
1336
1300
1459
1355
969
1325
金袋山
1123
1176
人形山
1406
唐松谷への分岐
964
1007
一石山
燕岩
梵天岩
一石山神社
日原鍾乳洞
八丁橋
1184
415
唐松橋
788
小川谷橋
鍾乳洞
1414
富田新道入口
八丁山
1280
991
204
日原
奥多摩駅、国道411号へ
1247
ツバノ尾根
1399
1338
稲村岩
稲村岩のコル
739
中日原
東日原
稲村岩尾根
急登
高丸山
1733
奥多摩湖が見える
鷹ノ巣山避難小屋
巳ノ戸の大クビレ
1562
ヒルメシ食いのタワ
大滝
916
1055
1229
千本ツツジ
1704
展望はない
日蔭名栗峰
1725
鷹ノ巣山
1737
1355
1584
1651
1297
ヤマツツジ
標識はない
山名の看板
巻道あり
なだらかな下りが続く
水根山
1620
城山
1523
将門馬場
1455
三ノ木戸山、奥多摩駅へ
赤指尾根
1474
浅間尾根
東京都
奥多摩町
石尾根
1364
1261
1462
六ツ石山
1479
1101
1226
林道に出て右へ
991
榧ノ木山
1485
浅間神社
1208
赤指山
1333
左へ大きく曲がる(標識あり)
1041
奥
石の近道に入る
1344
榧ノ木尾根
1364
1028
車道に出る
三沢
どん詰まりを左の脇道へ。その先の民家前を右にとる
1013
1250
723
989
小袖
1228
下り 590m Goal
峰谷バス停
峰
水根
奥多摩駅、青梅へ
1169
倉戸山
950
大麦代トンネル
水と緑のふれあい館
登山道入口
1104
尾平山
1075
717
雲風呂
原
丹波山村営駐車場
小袖林道
雨乞山
981
いぬえ
坂本
817
室沢トンネル
熱海
566
倉戸口
鴨沢
鶴の湯源泉
鴨沢西バス停
奥多摩駅からここまではバスの便数が多い
Start
鴨沢バス停
536m
留浦
小留浦
411
峰谷橋バス停
572
奥多摩湖
611
小河内神社
664
139
深山橋
804
小菅、大月へ
数馬へ

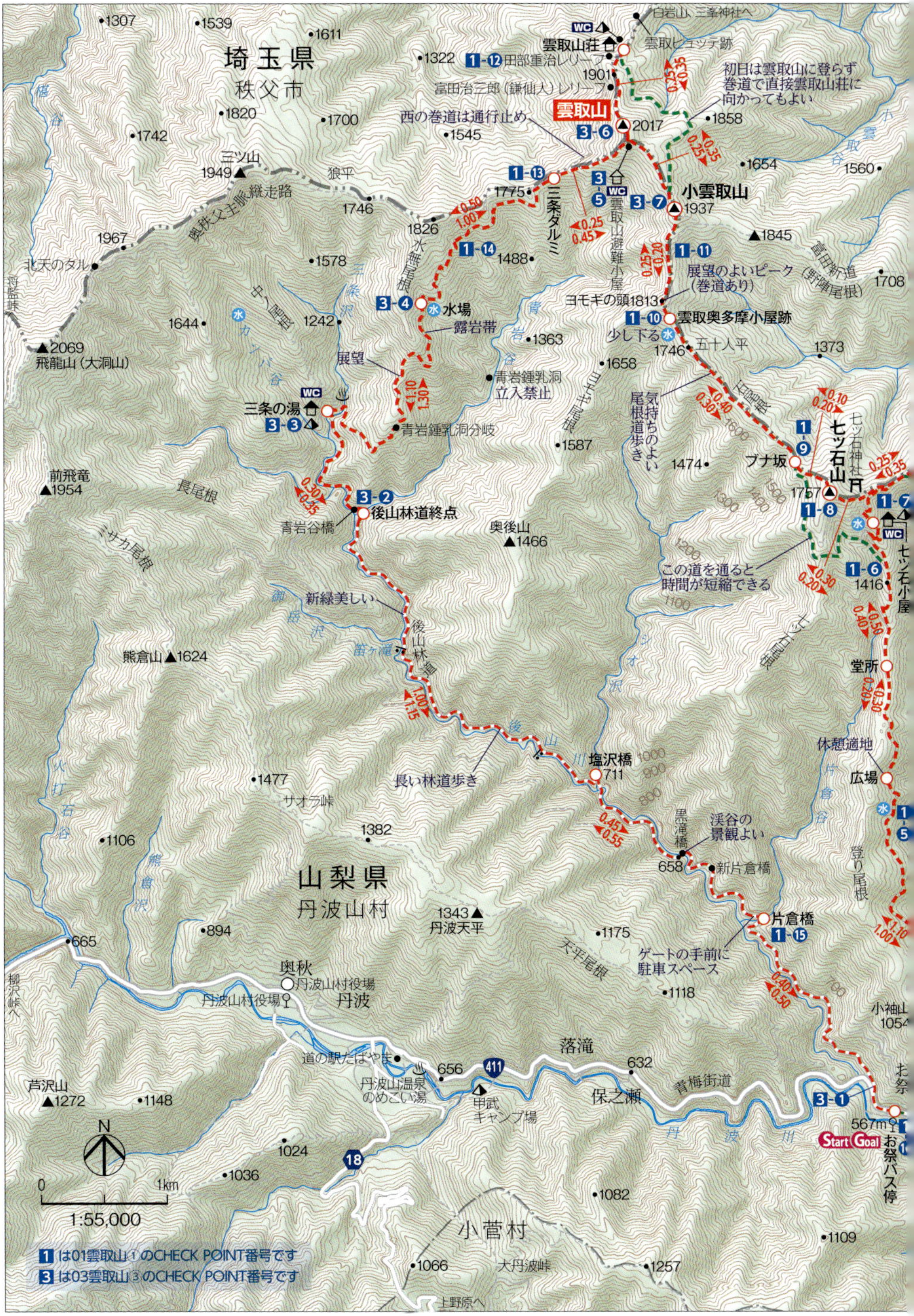
埼玉県
秩父市
山梨県
丹波山村
小菅村
雲取山
2017
雲取山荘
1901
雲取ヒュッテ跡
白岩山、三峯神社へ
1-12 田部重治レリーフ
富田治三郎（鎌仙人）レリーフ
西の巻道は通行止め
初日は雲取山に登らず巻道で直接雲取山荘に向かってもよい
1858
1654
1560
小雲取山
1937
雲取山避難小屋
三条ダルミ
1775
1826
1746
狼平
三ツ山
1949
奥秩父主脈縦走路
1967
北天のタル
将監峠
2069
飛龍山（大洞山）
1742
1820
1700
1545
1322
1611
1539
1307
1-13
1-14
1488
1578
水無尾根
三条沢
3-4
水場
露岩帯
展望
1363
青岩鍾乳洞立入禁止
青岩鍾乳洞分岐
1242
1644
中ノ尾根
カバ谷
三条の湯
3-3
3-2
後山林道終点
青岩谷橋
前飛竜
1954
長尾根
ミサカ尾根
新緑美しい
御岳沢
笛ヶ瀧
後山林道
熊倉山
1624
奥後山
1466
1587
1658
ヨモギ尾根
ヨモギの頭
1813
1-10
雲取奥多摩小屋跡
少し下る
1746
五十人平
1-11
展望のよいピーク（巻道あり）
1845
富田新道（野陣尾根）
1708
1373
気持ちのよい尾根道歩き
1474
ブナ坂
1-9
七ツ石山
1757
七ツ石神社
1-8
1-7
七ツ石小屋
この道を通ると時間が短縮できる
1416
1-6
七ツ石尾根
堂所
休憩適地
広場
1-5
登り尾根
長い林道歩き
後山川
塩沢橋
711
シオ沢
黒滝橋
渓谷の景観よい
658
新片倉橋
片倉橋
1-15
片倉谷
ゲートの手前に駐車スペース
1175
1118
天平尾根
1343
丹波天平
1382
1477
サオラ峠
1106
火打石谷
熊倉沢
894
665
柳沢峠へ
奥秋
丹波山村役場
丹波
道の駅たばやま
丹波山温泉のめこい湯
656
411
甲武キャンプ場
落滝
632
保之瀬
青梅街道
丹波川
3-1
567m
Start Goal
お祭バス停
お祭
小袖山
1054
芦沢山
1272
1148
1024
1036
18
1082
1109
1066
大丹波峠
1257
上野原へ
0 1km
1:55,000
1 は01雲取山①のCHECK POINT番号です
3 は03雲取山③のCHECK POINT番号です

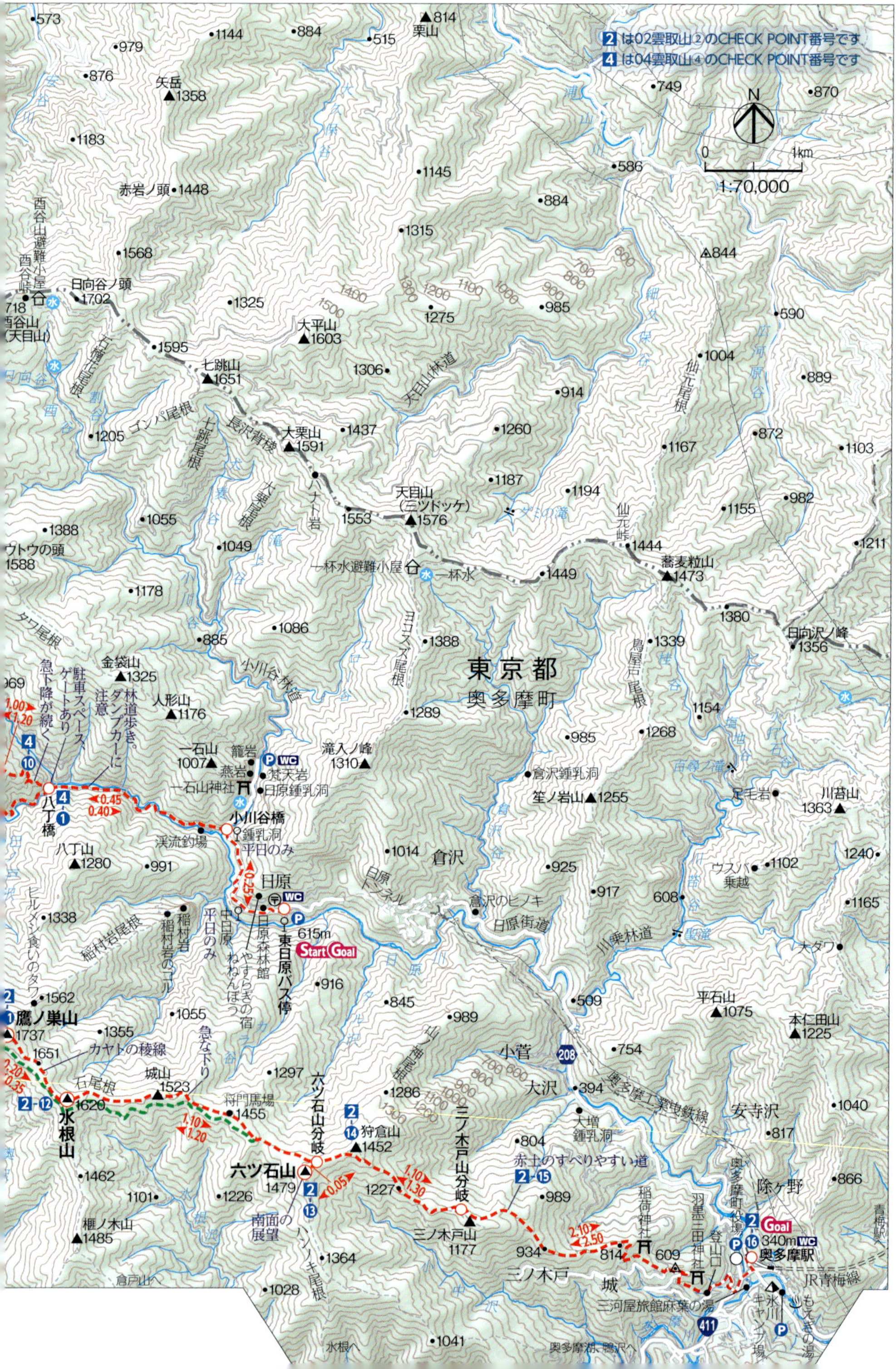

2 は02雲取山②のCHECK POINT番号です
4 は04雲取山④のCHECK POINT番号です
1:70,000
0
1km
N
栗山 814
矢岳 1358
赤岩ノ頭 1448
西谷山避難小屋
日向谷ノ頭 1702
酉谷山(天目山) 1718
大平山 1603
七跳山 1651
ゴンパ尾根
七跳尾根
長沢背稜
大栗山 1591
ハナド岩
天目山林道
天目山(三ツドッケ) 1576
一杯水避難小屋
一杯水
仙元峠
蕎麦粒山 1473
仙元尾根
日向沢ノ峰 1356
ウトウの頭 1588
タワ尾根
ヨコスズ尾根
鳥屋戸尾根
東京都
奥多摩町
小川谷林道
金袋山 1325
人形山 1176
急下降が続く
駐車スペース・ゲートあり
林道歩き。ダンプカーに注意
一石山 1007
一石山神社
籠岩
燕岩
梵天岩
日原鍾乳洞
滝入ノ峰 1310
倉沢鍾乳洞
笙ノ岩山 1255
足毛岩
川苔山 1363
八丁橋
0.45
0.40
1.00
1.20
小川谷橋
鍾乳洞
平日のみ
渓流釣場
八丁山 1280
日原
日原トンネル
倉沢
倉沢のヒノキ
日原街道
川乗林道
ウスバ乗越
東日原バス停
615m
Start Goal
中日原
平日のみ
日原森林館
やすらぎの宿
ねねんぼう
稲村岩
稲村岩のコル
稲村岩尾根
ヒルメシ食いのタワ
鷹ノ巣山 1737
カヤトの稜線
急な下り
1651
石尾根
水根山 1620
城山 1523
将門馬場 1455
1.10
1.20
六ツ石山分岐
六ツ石山 1479
0.05
南面の展望
ハンノキ尾根
狩倉山 1452
三ノ木戸山分岐
三ノ木戸山 1177
1.10
1.30
赤土のすべりやすい道
小菅
大沢
大増鍾乳洞
奥多摩工業曳索線
安寺沢
除ケ野
平石山 1075
本仁田山 1225
大タワ
稲荷神社
羽黒三田神社
登山口
奥多摩町役場
340m
奥多摩駅
Goal
2.10
2.50
三ノ木戸
城
三河屋旅館麻葉の湯
氷川キャンプ場
もえぎの湯
JR青梅線
青梅駅
榧ノ木山 1485
倉戸山へ
水根へ
奥多摩湖・鴨沢へ
208
411

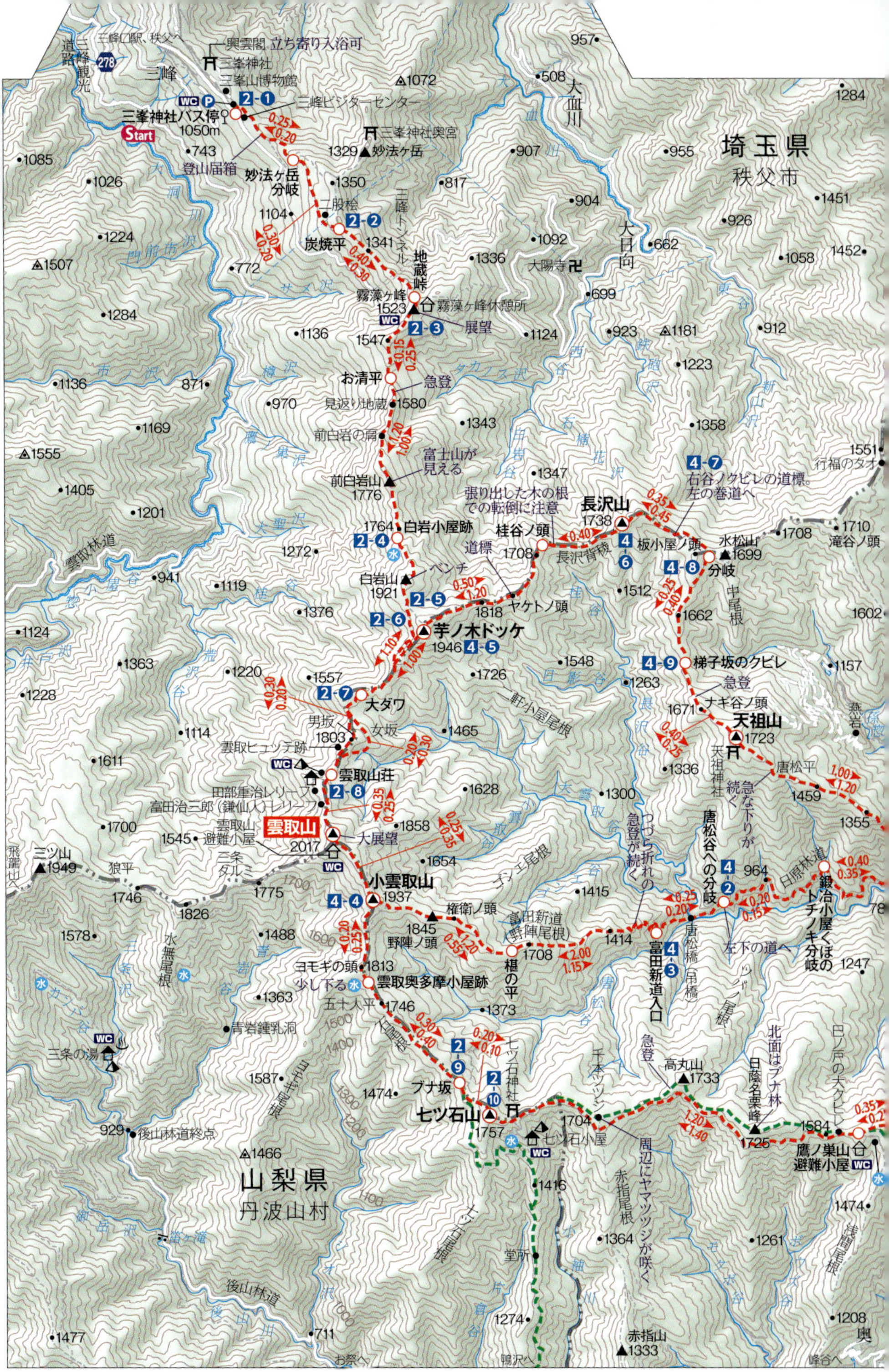

三峰口駅、秩父へ
奥雲閣 立ち寄り入浴可
三峯神社
三峯山博物館
三峰
三峰ビジターセンター
三峯神社バス停
1050m
Start
2-1
三峯神社奥宮
1329 妙法ヶ岳
登山届箱
妙法ヶ岳分岐
二股桧
2-2
炭焼平
地蔵峠
霧藻ヶ峰
1523
霧藻ヶ峰休憩所
2-3
展望
お清平
急登
見返り地蔵 1580
前白岩の肩
富士山が見える
前白岩山
1776
白岩小屋跡
2-4
白岩山
1921
ベンチ
2-5
2-6
芋ノ木ドッケ
1946
4-5
大ダワ
2-7
男坂
女坂
雲取ヒュッテ跡
雲取山荘
2-8
田部重治レリーフ
富田治三郎（鎌仙人）レリーフ
雲取山避難小屋
雲取山
2017
大展望
三条ダルミ
三ツ山
1949
狼平
小雲取山
1937
4-4
権衛ノ頭
1845
野陣ノ頭
ヨモギの頭 1813
雲取奥多摩小屋跡
少し下る
五十人平
ブナ坂
2-9
2-10
七ツ石山
1757
七ツ石小屋
七ツ石神社
長沢山
1738
4-7
右谷ノクビレの道標。左の巻道へ
張り出した木の根での転倒に注意
桂谷ノ頭
道標
1708
板小屋ノ頭
水松山 1699
分岐
4-6
4-8
ヤケトノ頭
1818
梯子坂のクビレ
4-9
急登
ナギ谷ノ頭
1671
天祖山
1723
天祖神社
唐松平
1459
急な下りが続く
つづら折れの急登が続く
唐松谷への分岐
4-2
日原林道
鍛冶小屋くぼのトチノキ分岐
富田新道（野陣尾根）
楢の平
1708
富田新道入口
4-3
唐松橋（吊橋）
左下の道へ
高丸山
1733
急登
周辺にヤマツツジが咲く
千本ツツジ
1704
北面はブナ林
日陰名栗峰
1725
鷹ノ巣山避難小屋
1584
巳ノ戸の大クビレ
赤指山
1333
埼玉県
秩父市
山梨県
丹波山村
東京都
大洞川
大血川
大日向
大陽寺
雲取林道
後山林道
後山林道終点
三条の湯
青岩鍾乳洞
堂所
行福のタオ
滝谷ノ頭
1710
1602
1551
1355
1284
957
1072

03

雲取山③　三条の湯〜雲取山〜浅間尾根

三条の湯を起点に奥多摩の盟主に登り、2つの尾根を下る

一泊二日

くもとりやま
2017m

第1日　歩行時間＝3時間35分　歩行距離＝8.8km
第2日　歩行時間＝8時間50分　歩行距離＝17.2km

技術度
体力度

コース定数＝**56**

標高差＝1450m

累積標高差　↗2406m　↘2380m

カラマツ林の中に付けられた小雲取分岐からの下り道

展望が開けた尾根からの飛龍山方面

後山《うしろやま》川上流の一軒宿・三《さん》条《じょう》の湯から雲取山の山頂に立ち、石《いし》尾根を縦走、浅間《せんげん》尾根を下って奥多摩《おくたま》の峰谷《みねだに》に下る、1泊2日のコースを紹介する。

第1日　奥多摩駅からのバスを**お祭《まつり》バス停**で下車し国道を丹波《たば》方面に進めば、右側に雲取山・飛龍山《ひりゅうさん》登山口の道標がある。ここが後山林道のはじまりだ。舗装された道はすぐに砂利道に変わる。

杉奈久保《すぎなくぼ》橋を渡り、しばらく歩いて右側が石積みの道になると片《かた》倉《くら》橋は近い。**片倉橋**のゲート柵を抜けてからも単調な林道歩きが続くが、春は新緑が美しい道だ。

塩沢《しおざわ》橋を左に折れてもえんえんと続く**後山林道**が青岩谷《あおいわだに》橋で終わる。ここから三条沢沿いに下って赤い鉄の橋でいったん沢から離れ、登山道から再び沢へ降りると、まもなく**三条の湯**に着く。

第2日　**三条の湯**を出て沢に架かる木橋を渡って登山道に入る。青岩鍾乳洞への分岐を左に折れ、トラバースするように進む。途中左右の展望が開けた場所があり、左手は奥秩父《ちちぶ》主脈縦走路から飛龍山、右手はヨモギ尾根から小雲取

後山林道からの渓谷美

■**鉄道・バス**
往路＝JR青梅線奥多摩駅から西東京バス丹波行きでお祭へ。同バスの鴨沢西行きであれば、終点の鴨沢西からで20分程度歩くとお祭に着く。
復路＝峰谷から西東京バスで奥多摩駅へ。

■**マイカー**
縦走コースにつきマイカー利用は不向き。利用する場合は奥多摩湖畔の峰谷橋に駐車して、お祭までバスを併用する。なお、このコースだと利用は難しいが、片倉橋ゲート手前に10台程度の駐車スペースがある。

■**登山適期**
尾根歩きが多いので盛夏は不向きだが、基本的にはオールシーズン楽しめる。積雪期はアイゼンなどの冬山装備が必要である。

■**アドバイス**
▽初日は時間的に余裕があるが、奥多摩駅からのバス便が少ないので、時刻表は確認しておくこと。三条の湯まで長い林道歩きとなるので、雨

小雲取山へと続く石尾根。幅の広い快適な稜線歩きが楽しめる

山が見わたせる。再び樹林帯に入ると細い登山道が続く。

大きな露岩帯をすぎると**水場**がある。足場が悪い木の橋を3本渡ると歩きやすい道となり、大きく開けた**三条ダルミ**に着く。左が飛龍山、右が雲取山の分岐点だ。

ここからはクマザサが広がる稜線の道を登る。雲取山避難小屋前の広場に出ると**雲取山**山頂はすぐだ。広い山頂は、北側以外の展望がすばらしい。

避難小屋まで戻ったら、石尾根縦走路を行く。目の前の牧歌的雰囲気のある道を下る。小雲取山までは幅広い歩きやすい道だ。

小雲取山で富田《とみた》新道を分け、石がゴロゴロした道を下る。左の雲取奥多摩小屋への直通コースと別れ、ひと登りで七ツ石山が見えるピークを越えると**雲取奥多摩小屋跡**に出る。西に飛龍山と、その稜線がよく見える。春はこのあたりからフキが群生している。

ブナ坂で鴨沢《かもさわ》方面と分かれると登り坂がきつくなり、**七《なな》ツ石山《いしやま》**山頂に着く。山頂からいっきに下り

の日は傘があるとよい。2日目は歩行距離が長いため、三条の湯を早立ちしたほうがよい。

三条の湯の浴槽。立ち寄り入浴も受け付けている(600円)。ただし水源を守るため、石鹸やシャンプーは使えない

▽コース上には水場が数箇所あるので安心だ。

▽ゴール地点の峰谷バス停からのバス便は少ないので、あらかじめ時刻表で確認しておくこと。場合によっては国道411号上の峰谷橋バス停まで1時間弱歩けば、バスの便数は多くなる。

■問合せ先

丹波山村温泉観光課☎0428・88・0211、奥多摩町観光産業課☎0428・83・2111、奥多摩ビジターセンター☎0428・83・2037、西東京バス氷川車庫☎0428・83・2126、三条の湯☎0428・88・0616、雲取山荘☎0494・23・3338、七ツ石小屋☎090・8815・1597

■2万5000分ノ1地形図

丹波・雲取山

＊コース図は22・23㌻を参照。

石尾根上の千本ツツジ。新緑の緑とよく映える

七ツ石小屋との分岐を直進して進むと尾根が広く開け、道が二手に分かれる。左が高丸山《たかまるやま》を通るコース、右が山腹をエスケープするコースだ。左コースを行き、大きな丘のようなピークが**千本《せんぼん》ツツジ**だ。ツツジの最盛期は、コースの両側にみごとに咲き誇っている。

　千本ツツジからは、四方を樹木に囲まれて視界のない高丸山の山頂へ。山頂からスキー場の斜面のような道を下って、登り返すと日《ひ》蔭名栗峰《かげなぐりみね》に着く。振り返れば飛龍山やその稜線も見える。

巳《み》ノ戸《と》の大《おお》クビレで先ほど分岐したエスケープコースと合流すると、**鷹《たか》ノ巣山《すやま》避難小屋**はすぐそこだ。小屋はウッディ調で中もきれいだ。水場・峰谷方面の案内にしたがって進むと水場がある。

　なだらかな樹林帯の尾根道をひたすら下る。いい加減下り疲れてきた頃、社跡に出る。浅間神社だ。峰谷バス停方面へは、鳥居をくぐったら左に戻るように曲がる。道は明瞭でわかりやすい。

　三頭山《みとうさん》が見えてきて**奥《おく》**集落の林道に出たら、右へ折れる。舗装路になり、峰谷バス停近道の道標を右に折れて坂を下っていく。民家の石垣左側を抜け、道なりに進み、車道のどん詰まりを左の脇道に入る。民家前を右に折れると、樹林帯の作業道のような道となり、眼下に峰谷の民家が見えてくる。

　あとは道標にしたがって林道を下っていけば、**峰谷バス停**前の広場に着く。

（星野恒行）

CHECK POINT

1

国道411号にある後山林道の入口。ここから3時間近い林道歩きとなる

2

青岩谷橋で長い林道歩きが終わる。ここから三条の湯へは山道をたどる

3

宿泊地の三条の湯。標高1100メートルあまりにひっそりと建っている

4

水無尾根途中の水場。この先しばらくは水場がないので給水しておこう

5

飛龍山からの縦走路と石尾根が合流する雲取山避難小屋。近くにトイレもある

6

雲取山避難小屋から少しの登りで雲取山の山頂へ。展望は申しぶんない

7

日原への富田新道が分かれる小雲取分岐を右へ下る

8

トイレのある鷹ノ巣山避難小屋。ここから石尾根を離れ南側の浅間尾根に入る

9

奥集落の未舗装林道に出たら、「峰谷（バス停）」の案内にしたがい右に進む

10

峰谷バス停。奥多摩駅へのバスは1日3本と少ないので注意

鎌仙人が拓いた道から、静けさの残る長沢背稜への周回コース

雲取山④ 富田新道～雲取山～長沢背稜

くもとりやま 2017m

一泊二日

第1日 歩行時間＝6時間55分 歩行距離＝13.7km
第2日 歩行時間＝7時間35分 歩行距離＝14.5km

技術度
体力度

コース定数	＝64
標高差	＝1402m
累積標高差	↗2751m ↘2751m

樹氷の芋ノ木ドッケ付近からの雲取山

都内の最高峰にして唯一の2000メートル峰である雲取山。地質的には砂岩などからなる中生代ジュラ紀～白亜《はくあ》紀の地層が分布している。東面の奥多摩《おくたま》町日原《にっぱら》には石灰岩が分布し、一部の地域では鍾乳洞も発達している。

ここでは、その日原を起点に富《とみ》田《た》新道経由で山頂に立ち、長沢背《ながさわはい》稜《りょう》、天祖山《てんそざん》を経て日原に戻るコースを紹介する。変化する樹相や野生動物の痕跡を観察できる登路の富田新道、富士山や南アルプスを望むことができる石《いし》尾根縦走路、山頂からの大展望、6月頃にアズマシャクナゲが咲く長沢背稜、大《だい》日《にち》天神参道の並木歩きが心地よい天祖山からの下山路など、変化ある山歩きが楽しめる。途中雲取山荘で1泊するが、登り下りとも歩行距離や行動時間が比較的長いため、万全を期して登りたい。

第1日　東《ひがし》日原バス停から車道を歩いて鍾乳洞バス停へ（平日のみ鍾乳洞行きの便あり）。そばの**小川《おがわ》谷《だに》橋**を渡り、左手の日原林道に入る。**八丁《はっちょう》橋**で天祖山登山口を右に見てゲートをすぎ、**唐松《からまつ》谷への分岐**までえんえん1時間ほど日原林道を歩く。分岐を左に下り、日原川に架かる吊橋（唐松橋）を渡って20分ほどで**富田新道の入口**となる分岐に着く。

ブナ林の急登に引かれたつづら折りの山道を登り、標高1400メートルあたりで尾根に出る。尾根道には所々丸太のベンチがあるので、ひと息つきながら登っていこう。スズタケとカラマツ林の樹相を呈する頃になると小《こ》雲取の分岐は近い。**小雲取山**の道標のある三叉路にて縦走路に合流し、左手に富士《ふじ》山《さん》と南アルプス、右手に雲取山山頂が迫る大パノラマを望みながら防火帯の道を進むと、やがて雲取山避難小屋の下に出る。小屋脇を通って最後の登りを終えれば**雲取山山頂**にたどり着く。

山頂で富士山の眺望を楽しんだ

＊コース図は24・25ページを参照。

雲取山避難小屋付近からの石尾根

富田新道のカラマツ林（権衛ノ頭付近）

長沢脊梁からの天祖山。ほぼ同じ標高だが、天祖山の方が雪が少ない

ら、雲取山荘に続く北側の道を歩く。20分ほど下ると**雲取山荘**に到着するが、途中の分岐を左に進むと、さっき登った富田新道を拓いた「鎌仙人《かませんにん》」こと富田治三郎《じさぶろう》のレリーフがある。時間と体力に余裕があれば、寄り道してこよう。

第2日　**雲取山荘**から北へ進むと男《おとこ》坂と女《おんな》坂の分岐があるが、やや東側を巻く女坂のほうが緩やかで歩きやすい。**大《おお》ダワ**で小休止をとったあと、芋《いも》ノ木《き》ドッケへ向けてツガの原生林の中を1時間ほど進む。**芋ノ木ドッケ**先の分岐を右に進み、長沢背稜に入る。

ヤケトノ頭《かしら》の道標を経由し、**桂谷《かつらだに》ノ頭**までおよそ50分、ここにいたるまで、木の根が所々露出しているやせ尾根に注意して進む。なお、この付近ではアズマシャクナゲが自生し、6月上旬頃に淡紅色の美しい花が楽しめる。

長沢山《ながさわやま》を経由して道標のある分岐を左に折れ、その先にある水松《あららぎ》山《やま》の**分岐**を右に進み、天祖山を目指す。**梯子坂《はしござか》のクビレ**からは急登

おごそかな雰囲気漂う天祖山山頂の天祖神社

■鉄道・バス

往路・復路＝JR青梅線奥多摩駅から西東京バスで東日原へ。平日はふたつ先の鍾乳洞まで運行するので、終点で下車すれば30分ほど時間が短縮できる。

■マイカー

圏央道日の出ICから都道、国道411号などで日原鍾乳洞方面へ。八丁橋付近に駐車スペースが数台分ある。このほか東日原に有料の駐車場（1日500円・約20台）がある。

■登山適期

本ルートは原生林の中を歩く箇所が多いことから、新緑の美しい4月下旬から5月初旬がおすすめである。また長沢背稜では6月上旬にアズマシャクナゲが楽しめる。冬期も装備が整えば山行可能で、山肌の樹氷や、山頂・稜線からは澄んだ空気に佇む富士山を望むことができる。

■アドバイス

▽八丁橋付近の駐車スペースを利用する場合、釣り客も多いため早めの到着を心がける。

▽1日目、2日目とも歩行時間の長い山行となるため、ペース配分や水分・栄養補給、緊急装備をしっかりと準備・対策すること。

▽2日目の長沢背稜では登山者も少なく静かな山行が楽しめるが、一部やせ尾根で木の根が露出したすべりやすい箇所があり、滑落のおそれが

CHECK POINT

駐車スペースのある八丁橋。下山時もここに戻ってくる

八丁橋から林道を1時間ほどで唐松谷への分岐があり、左下への道に入る

吊橋を渡ってさらに進むと富田新道と唐松谷の道との分岐がある。右に進む

富田新道を登りきると、石尾根縦走路上の小雲取山の分岐に出る

芋ノ木ドッケのピーク。国土地理院では「芋木ノドッケ」となっている

長沢背稜の名を冠する長沢山山頂。展望もあまりなく、いささか地味なピークだ

右谷ノクビレの道標。ここで尾根をはずれて板小屋ノ頭北面の巻道に入る

巻道を進むと、水松山西方の分岐に出る。ここで長沢背稜を離れ、天祖山へ向かう

鞍部状の梯子坂のクビレ。天祖山へは急な登りを強いられる

八丁橋への下降点の道標。厳しい下りが続き、疲れた身にこたえる

スギが立ち並ぶ大日天神の参道道を下る

がしばらく続くが、**天祖山**山頂付近には天祖神社や社務所跡があり、休憩にはちょうどよい。

　天祖山からの下りの途中にある**大日天神**の参道は並木道になっており、長い下りの中で唯一心癒される空間である。倒木や岩石の露出した登山道を下り続けると日原への下山道を示す道標に着く。往路の**八丁橋**のゲートにたどり着くまで危険な急斜面が点在するため、気を引き締めて下ろう。

（上田恭裕）

ある。また、天祖山からの下山間際の道は崖沿いで幅も狭い。疲労と重なり注意力が落ち気味の頃だが、三点支持を意識して慎重に通過すること。最新の登山道の状況は、あらかじめ雲取山荘のホームページなどで確認しておこう。

■問合せ先
奥多摩町観光産業課☎0428・83・2111、奥多摩ビジターセンター☎0428・83・2037、西東京バス氷川車庫☎0428・83・2126、雲取山荘☎0494・23・3338

■2万5000分ノ1地形図
武蔵日原・雲取山

写真協力＝柳澤達彦

05

山頂の展望と新緑、紅葉、そして清流が楽しめる贅沢コース

鷹ノ巣山

たかのすやま
1737m

日帰り

歩行時間＝7時間15分
歩行距離＝13・6km

技術度 ★★☆☆☆
体力度 ♥♥☆☆☆

コース定数	＝32
標高差	＝1217m
累積標高差	↗1403m ↘1474m

鷹ノ巣避難小屋から鷹ノ巣山へ。落ち葉を踏みしめて歩く

鷹ノ巣山は奥多摩《おくたま》でも屈指の展望を誇る。石尾根《いしおね》の中央部に位置しており、どのコースから登るにしろ標高差は1000メートル以上あり、登山の充実感も大きい。ここでは南側の浅間尾根《せんげんおね》を詰め、鷹ノ巣山を目指す。北側の稲村岩尾根《いなむらいわおね》コースが奥多摩三大急登といわれるのに対し、こちらは自然林に覆われた優しい道といえよう。山頂で奥多摩一帯の展望を楽しんだあとは、榧ノ木《かやのき》尾根から水根《みずね》沢林道に入り、清流を楽しみながら下るコースだ。浅間尾根も水根沢林道も落葉広葉樹の森だけに、春は新緑、秋は紅葉が色鮮やかで楽しみだ。

峰谷《みねだに》バス停を降りたら峰谷川沿いに車道を歩く。三沢《みさわ》橋を渡り、その分岐を右に曲がる。曲がった直後にある民家の横の道を左に入って**三沢集落**へ。

緩やかにカーブする道の途中から山道が右にのびている。奥《おく》集落への近道だ。この未舗装の山道を登る。やがて民家の軒先をかすめて車道に出る。舗装された車道を登ると緑色の手すりの横道が現れる。「タカノス山↓」という案内が地面に置かれている。

再び車道に出ると、もう奥集落の最上部だ。道標が鷹ノ巣山を指す方に進む。奥集落から離れ、道が大きく右折すると登山口がある。

登山道は**浅間神社の大鳥居**につながる。二の鳥居、拝殿、崩れかけた本殿などが続く。神社をすぎる

■鉄道・バス

往路＝JR青梅線奥多摩駅から西東京バスで峰谷へ。バスは1日3便のみなので注意。

復路＝水根から西東京バスで奥多摩駅へ。

■マイカー

圏央道日の出ICから都道、国道411号などで奥多摩湖方面へ。水根バス停そばに水根駐車場、ひとつ先の奥多摩湖バス停前にふれあい館隣接の駐車場がある。いずれかに駐車し、バスで峰谷バス停まで行く。

■登山適期

水根沢林道は新緑（5月上旬〜下旬）と紅葉（10月中旬〜11月上旬）が美しくおすすめ。冬場の水根沢林道は落ち葉の下がアイスバーンになっている場合があり、十分注意すること。

■アドバイス

▽秋から冬の日照時間の短い時期は、水根沢林道は14時頃から薄暗くなる。足場もよくないため早出を心がける。

▽大雨後などの地盤の緩みやすい時は、奥多摩ビジターセンターで道路状況を確認したうえで登山する。とくに水根沢林道は用心する。

■問合せ先

奥多摩町産業観光課☎0428・83・2111、奥多摩ビジターセンター☎0428・83・2037、西東京バス氷川車庫☎0428・83・2

鷹ノ巣山から水根山にかけての石尾根縦走路

水音を聞きながらの水根沢林道歩き

←奥多摩一の展望を誇る鷹ノ巣山の山頂

↑浅間神社の鳥居。これをくぐって参道を登る

とやや傾斜がきつくなる。

やがて植林帯もすぎ、傾斜が緩やかになってブナやミズナラなどの落葉広葉樹の自然林になる。新緑の頃は緑がまぶしく、歩くのが楽しい。

道が緩やかに尾根の左へ巻き、斜面をトラバースすると水場がある。ここからは**鷹ノ巣山避難小屋**が近い。避難小屋の内部は清潔で広く、別にトイレもある。

避難小屋前の石尾根縦走路を登り返すと巻道と山頂経由に分かれるので、山頂を選ぼう。約30分で**鷹ノ巣山**の山頂に到着。山頂からの眺望は広大だ。

下山は石尾根縦走路を南東に下る。尾根筋が防火帯になっているため眺望が開け、快適な山歩きが楽しめる。水根山の手前（**倉戸山**《くらどやま》・**水根分岐**）

126、鷹ノ巣山避難小屋☎042・521・2947（東京都多摩環境事務所）
■2万5000分ノ1地形図
奥多摩湖

で縦走路から、5㍍ほど下の巻道に進路を変える。水根沢林道への道は巻道から分岐するためだ。

巻道を3分ほど歩くと榧ノ木尾根への分岐に着く。水根山山頂のちょうど南側にあたる。ここを榧ノ木方面に下り、**榧ノ木尾根分岐**の道標で「水根」方面に曲がる。すぐにT字の分岐（**水根沢林道分岐**）が現れ、水根方向に曲がると水根沢林道となる。はじめは傾斜がきつく、木の根の露出した斜面だが、緑に見惚れているうちに徐々に緩斜面となり、中盤から沢に水が流れだす。

水根沢の本流を渡る**木橋**の通過後に、危険箇所がいくつかある。2014（平成26）年の大雪で荒廃したのだろうと想像される。日照の短い冬場の下山ではとくに注意したい。

手すりの代わりにロープの張ら

＊コース図は35㌻を参照。

れた下り斜面の通過を終えると、集落に近づく。水根への道標があるので、指示通りに曲がる。

　民家の庭先を通り、水根沢キャンプ場方面に向かう。集落の中の道標はまず「むかし道・休憩所」方面に進み、その先の分岐で「奥多摩湖・水根バス停」へと進む。すぐに広い車道に出るので、車道を直進すると**水根バス停**だ。

（山下 仁）

水根沢林道。肺まで緑に染まりそうなほど緑が濃い

CHECK POINT

1 起点の峰谷バス停。トイレあり。身支度して出発しよう

2 三沢集落への分岐（青い建物の前を左折）。曲がり角に案内板がある

3 峰集落下部の車道から近道となる横道に入る。手すりのついた登り道だ

4 奥集落の上部の車道に出る。「鷹ノ巣山」の道標にしたがって進む

5 車道を上がると鷹ノ巣山登山口（道標あり）に出る

6 第二の鳥居。その後ろに社が点在する。脇を抜けて登っていく

7 浅間尾根を登っていく途中に、丸太を割ったベンチがある。ひと休みしよう

8 水場から数分で石尾根上の鷹ノ巣山避難小屋に出る。鷹ノ巣山へは約30分

9 避難小屋の上部にある、鷹ノ巣山山頂と石尾根縦走路の巻道との分岐

10 倉戸山・水根分岐。石尾根縦走路の水根山頂からは水根沢林道に降りられないため、ここで巻道に抜ける

11 ⑩の先にある石尾根縦走路の巻道と榧ノ木尾根の分岐。倉戸山方面へ

12 榧ノ木山尾根と水根沢林道方面との分岐点。水根と書かれた方向に進む

13 水根沢林道と石尾根縦走路巻道との分岐点。水根バス停方向に下る

14 水根沢への下り道。木の根の浮き出た急斜面では転倒に注意

15 倒木などで荒れた水根沢を下っていく

16 この道標は「むかし道・休憩所」の方へ。水根観音経由は遠回りを強いられる

N
0
1km
1:40,000
鷹ノ巣山
1737
稲村岩尾根はひたすら急登が続く。
(23年6月現在通行止め)
東日原バス停から鷹ノ巣山山頂へ
約3時間(下り約2時間)
山頂からは
奥多摩屈指の
展望が広がる
ヒルメシ食いのタワ
1562
1338
▲1280
八丁山
991
日原鍾乳洞へ
204
日原
稲村岩
稲村岩尾根
稲村岩のコル
739
中日原
平日のみ
日原森林館
東日原
奥多摩駅へ
大滝
1055
奥多摩町
1229
1355
916
巳ノ戸の大クビレ
巳ノ戸沢
セッ石山・雲取山へ
1584
鷹ノ巣山避難小屋
倉戸山・水根分岐
1651
分岐から
5m下って
巻道へ
水根山
▲1620
城山
▲1523
将門馬場
▲1455
石尾根
1297
石尾根縦走奥多摩駅へ
浅間尾根
1474
気持ちのよい
登りが続く
水根沢林道分岐
奥への分岐
通行禁止
榧ノ木尾根分岐
1462
廃屋跡
六ツ石山▲1479
水根沢林道
1101
1226
ベンチ
ボウズ谷
991
浅間神社
1208
登山口
奥
浅間神社
大鳥居
榧ノ木山▲1485
木橋
何度か
橋を渡る
道幅狭い。
トレース慎重に
ハンノキ尾根
トオノクボ
1364
ガレ場横切る
1028
滑落注意
1344
榧ノ木尾根
分岐を右へ
三沢
681
民家の軒先から
車道に出る
奥沢
1190
水根沢
沢を渡る
手すり代わりの
ロープ
723
989
三沢橋
1013
1250
雨降滝
白髭神社
水根への道標
水根バス停
Goal
519m
水根沢キャンプ場
車道に出る
奥多摩駅へ
雨降滝への分岐
下り
峰
Start
590m
峰谷バス停
本数少ない
峰谷川
峰谷橋バス停～
峰谷バス停間
徒歩約1時間
▲1169
倉戸山
950
705
大麦代トンネル
602
奥多摩湖
水と緑のふれあい館
大麦代園地
原
小河内ダム
717
雲風呂
尾平山
▲1075
雨乞山
▲981
いぬえ
坂本
坂本トンネル
817
室沢トンネル
青梅街道
411
熱海
566
鶴の湯源泉
572
奥多摩湖
峰谷橋
535
鴨沢、丹波山へ
小河内神社
611
615
664
0.35
0.25
0.20
1.45
1.20
1.20
1.00
0.10
1.00
1.20
1.20
1.40

06

植樹林の急登をこなし、気持ちよい草原の尾根道を楽しむ

六ツ石山

むついしやま
1479m

日帰り

歩行時間＝5時間45分
歩行距離＝10・6km

技術度
体力度

コース定数＝25
標高差＝1154m
累積標高差 ↗1095m ↘1274m

石尾根縦走路の防火帯の急斜面（背後の山は御前山）

広い六ツ石山山頂

登山口からスギの植林帯を行く

雲取山から東にのびる石尾根《いし》は長大な尾根で、防火帯が尾根筋を貫いている。防火帯とは山火事の延焼を防ぐ目的で樹木を計画的に刈ったもの。石尾根は防火帯があることで道が広くなり、ガスや雪でも迷いにくい。また眺望も楽しめる。新緑の頃は緑の並木道となり、秋は紅葉の並木道となる。

六ツ石山はこの石尾根の東側に位置し、奥多摩《おくたま》駅からも奥多摩湖バス停からも取り付きやすい山で石尾根の入門に適している。

水根《みずね》バス停で下車し、大麦代《おおむぎしろ》トンネル手前の水根沢に沿った車道に入る。**登山口**までは3箇所の分岐を通過するが、道標があるので見逃さずに歩こう。

六ツ石山登山道は山に向かい直登している。ここからすでに急登のはじまりだ。水根からのハンノキ尾根登山道は奥多摩三大急登のひとつと紹介する人もいるほどだ。

民家の裏を抜けると、すぐに植

■鉄道・バス
往路＝JR青梅線奥多摩駅から水根へ。トイレの充実したひとつ先の奥多摩湖バス停（水根へ徒歩5分）まで利用する登山者も多い。
復路＝JR青梅線奥多摩駅。

■マイカー
奥多摩駅周辺の有料駐車場を利用する。水根バス停横の水根駐車場、奥多摩湖のふれあい館隣接駐車場を利用することも可能だが、下山後にバスで駐車場まで戻ることになる。

■登山適期
通年可能だが、とくに5月上旬～下旬の新緑の頃、10月中旬～11月下旬の紅葉の頃がおすすめ。

■アドバイス
▽三ノ木戸山の西側は粘土質の土がえぐられ樹林の根が露出し、すべりやすくなっている。スリップ、転倒しないように注意したい。
▽1500㍍近い標高のため、冬は軽アイゼンやストックなど雪に対処できる装備が必要。とくに降雪後はしばらく雪が残ることも多い。

■問合せ先
奥多摩町産業観光課☎0428・83・2111、奥多摩ビジターセンター☎0428・83・2037、西東京バス氷川車庫☎0428・83・2126

■2万5000分ノ1地形図
奥多摩湖

樹帯に入る。水根産土《うぶすな》神社通過後の植樹帯の登りは単調だが、ここはふんばりどころだ。傾斜が緩んだ標高989$^{メー}_{トル}$地点に小さな間伐場があり、小休止ができる。

植樹林が落葉広葉樹に変わると道は明るくなる。そして道が尾根を右に外れ、巻くようになるとすぐに**ハンノキ尾根分岐**（トオノクボ）に到着する。ここから防火帯の道だ。まだまだ急斜面に変わりはないが、気分は開放されるだろう。尾根の上部は傾斜も緩くなる。山頂前に小ピークがあり、登り返すと**六ツ石山**山頂に着く。山頂周辺はこんもりとした広場になっており、南西方面の展望がいい。山頂での休憩後は北側へ下り、石尾根縦走路に合流する。石尾根の下りの急斜面では、正面に御前山《ごぜんやま》が見える。

三《さん》ノ木戸《きど》集落への分岐では「絹《きぬ》笠《がさ》をへて」の方向を選ぶ。三ノ木戸山の西側は一部すべりやすい道になっている。自然林の林から植樹林が多くなるとやがて絹笠集落（廃村）の稲荷《いなり》神社の横を通過する。道はいったん車道に出るが、農指《のうさす》集落で再び山道に入る。すると平将門《たいらのまさかど》ゆかりの羽黒三田《はぐろみた》神社に出る。ここまで来ると駅への案内が要所に出ている。**奥多摩駅**はもうすぐだ。

（山下 仁）

CHECK POINT

1 登山道入口。車道から山に向かって集落を突っ切るように登っていく

2 ハンノキ尾根との合流点、トオノクボ。ここから防火帯の道だ

3 開放的なハンノキ尾根の防火帯を行く

4 三ノ木戸集落への分岐道標は「絹笠をへて奥多摩駅へ」の方向を選ぶ

5 稲荷神社から下るといったん車道に出る。ここから600$^{メー}_{トル}$ほど車道を歩く

6 平将門ゆかりの羽黒三田神社。登山道は神社の横を抜けている

07 倉戸山

湖畔から一気に高度を上げてヤマザクラが自生する頂へ

くらどやま 1169m

日帰り

歩行時間＝2時間45分
歩行距離＝4・5km

技術度
体力度

コース定数＝**13**
標高差＝636m
累積標高差 642m 636m

↑広々とした倉戸山の山頂

→山頂を彩るヤマザクラ。見ごろはゴールデンウィーク頃

奥多摩《おくたま》湖畔から鷹《たか》ノ巣山《すやま》にのびる榧《かや》ノ木《き》尾根の最初のピークである倉戸山は、奥多摩の中でも小粒かもしれないが、登り下りとも充実感を味わえる山だ。

奥多摩駅から鴨沢西《かもさわにし》・丹波《たば》方面行きのバスに乗り約20分。鶴《つる》の湯《ゆ》トンネルを抜けると、起点となる**女《め》の湯《ゆ》バス停**に着く。バス停のすぐそばに鶴の湯温泉の源泉があり、案内板が立つ広場となっている。

倉戸山への登山口は鶴の湯トンネルに向かって右手にあり、石壁に小さな案内板がある。ここから湖畔沿いに進むと、木々の間からブルーに輝く奥多摩湖の湖面が視界に入り、上部にはヌカザス尾根方面も垣間見える。すぐに道標が現れ、樹林の中の細い道を通り高度を上げていく。登山道には案内板や赤テープが付けられ、迷うことはない。30分ほどであずまいトンネル上部の**稜線**に出る。

ここからはしばらく平らな尾根歩きとなる。緑豊かな樹林の中を森林浴気分で進むと、ロープが張られた道標が現れる。その先は傾斜のきつい急登となり、道がガレたり、木の根が出ていてすべりやすいので、自分のペースでゆっくり登ろう。この急斜面をクリアして木立の中の緩やかな道になると、倉戸山の頂は近い。

倉戸山の山頂は広々とした原っぱのようで、急登を終えたあとだけにゆっくりしたい場所だ。中央や周囲にはヤマザクラの木々が枝葉を揺らし、ベンチこそないが、大きな倒木に腰かけて休憩し、食

■鉄道・バス
往路＝JR青梅線奥多摩駅から西東京バスで女の湯へ。
復路＝倉戸口から西東京バスで奥多

温泉神社から奥多摩湖と御前山を望む

事もとりたいところだ。

腹ごしらえをしたら下山にかかろう。熱海《あたみ》方面への道標にしたがい、よく整備された道を下っていく。10分ほどで左側が広い樹林帯となり、5分ほど進むと木々の間から三頭山《みとうさん》を垣間見ることができる。山頂が3つあるというのがよくわかる。その先の下りが徐々に急になり、途中、切れ落ちている箇所もあるので注意したい。

木立の中を1時間ほど進めば、やがて温泉《おんせん》神社に着く。神社の階段からは奥多摩湖と御前山《ごぜんやま》が見わたせる。すぐ下の民家の脇を通りすぎ、石の階段を下りて**倉戸口バス停**を目指す。

（庄内春滋）

CHECK POINT

女の湯バス停そばにある鶴の湯温泉源泉。奥多摩町の自然文化百選のひとつ

稜線に出るとあずまいトンネルからの道が左から合流し、平坦な尾根道になる

広い倉戸山山頂の一角にある2等三角点

下山路の途中からは樹間越しに三頭山の3つのピークが見える

温泉神社。階段からは奥多摩湖と御前山が見える。倉戸口バス停へは10分ほど

終点の倉戸口バス停。奥多摩駅行きのバス停は車道の反対側にある

摩駅へ。

■マイカー
圏央道日の出ICから都道、国道411号で大麦代園地駐車場（300台・無料）へ。すぐ近くの大麦代バス停から西東京バスで女の湯バス停まで移動する。下山後は倉戸口バス停から同バスで大麦代バス停へ戻る。

■登山適期
山頂にヤマザクラが咲き誇る4月下旬から5月初旬がとくにおすすめ。春夏秋冬それぞれの季節を感じながら、一年を通じて登山を楽しむことができる。

■アドバイス
▽倉戸口からの逆コースは山頂までよく整備されていて迷うところはなく、鷹ノ巣山へ向かう登山者も多い。ただし女の湯バス停への下りは、山頂から少し下るとガレたり、木の根ですべりやすい急坂なので注意が必要だ。
▽広々とした山頂には大きなヤマザクラの木があるので、ゴールデンウイークにはお花見山行を企画すると楽しい。

■問合せ先
奥多摩町観光産業課☎0428・83・2111、西東京バス氷川車庫☎0428・83・2126、民宿小河内荘☎0428・86・2550

■2万5000分ノ1地図
奥多摩湖

08

奥多摩最奥の山々をめぐる上級コース。春にはツツジが味わえる

西谷山

一泊二日

とりだにやま
1718m

第1日 歩行時間＝5時間40分 歩行距離＝11・9km
第2日 歩行時間＝5時間55分 歩行距離＝12・9km

技術度 ●●○○○
体力度 ●●●○○

コース定数＝**52**
標高差＝1103m
累積標高差 ↗2220m ↘2220m

夕暮れの西谷山避難小屋からの富士山（手前の円頂は高丸山）

東京都と埼玉県を分ける長沢背《ながさわはい》稜《りょう》上にある西谷山は、奥多摩《おくたま》の最深部に位置する。登山口の日原《にっぱら》は、奥多摩町の中心よりもさらに山奥の断崖に囲まれた小さな集落で、「ここも東京なのか……」と思うような山深い場所だ。そのぶん、静かな山旅を楽しめる。山名の由来は、日原側から山頂に突き上げるトリ谷から名付けられた。

大栗山付近のヤシオツツジ

第1日　東《ひがし》日原バス停の上にのびる小道を行くと天目山《てんもくざん》登山口に着く。民家の裏道を登り薄暗い植林帯に入ると、勾配がいっきにアップする。ジグザグの道を詰めて高度を上げていく。勾配が少し落ち着き、コナラやケヤキなどの明るい林の尾根を歩く。滝入《たきいり》ノ峰《みね》の東を巻くと広葉樹の林に出て、木々の間には長沢背稜の山々が望める。

ブナの巨木と出会い急坂をひと登りすると視界が開け、**一杯水《いっぱいみず》避難小屋**に出る。ベンチもあり休息にはよい。天目山への道は、小屋裏から頂上まで急登する。5月には紫や白のツツジの花々が咲き乱れ美しい。**天目山**（三《み》ツドッケ）山頂は狭いが南側が開けていて、富士山《ふじさん》の好展望地である。

そこから30分ほどで鷹《たか》ノ巣山《すやま》の展望がよいハナト岩に着く。ハナト岩からは**大栗山《おおくりやま》**～七跳山《ななはねやま》間の南側を巻く道を行くが、ここにもツツジが咲き誇る。途中の七跳山から南に下る**七跳尾根**の道は、歩行禁止になっているので注意。

そのままなだらかな道を進み、坊主山《ぼうずやま》、ついで**日向谷《ひなただに》ノ頭《かしら》**を巻くと西谷峠へたどり着く。谷側に富士山が望める**西谷山避難小屋**が建っていて、水場もある。今日はこの避難小屋で1泊するが、峠から西に20分ほど進むと西谷山山頂なので、往復してこよう。静かな**西谷山**山頂は南側が少し開けており、富士山も望むことができる。

第2日　西谷山避難小屋からすぐ上の分岐に戻る。巻道を西に25分の**行福《ぎょうふく》ノタオ**で西谷山からの道と合流する。水松山《あららぎやま》までは平坦なコースで、稜線の南を巻くように道が付けられている。新緑の頃はブナやミツバツツジ、秋にはブナの紅葉が美しい。滝谷《たきだに》ノ峰《みね》を巻くと

■鉄道・バス
往路＝JR青梅線奥多摩駅から西東京バスで東日原へ。
復路＝東日原から西東京バスで奥多摩駅へ。平日はふたつ手前の鍾乳洞始発の便があるので、時間が合えば利用したい。
■マイカー
圏央道日の出ICから都道、国道411号などで奥多摩駅へ行き、日原川

←樹林の中の西谷山（黒ドッケ）山頂。南側が一部開けており、富士山も確認できる

↑タワ尾根分岐先にあるヘリポート。切り開かれた場所だけに好展望地だ

ヘリポートに出る。鷹ノ巣山、砕石跡の痛々しい山肌をさらした天《てん》祖山《そざん》、北には両神山《りょうかみさん》が望める。

水松山直下の**分岐**で長沢背稜と別れ、進路を南に変えて下る。30分ほどで**梯子坂《はしござか》のクビレ**の鞍部に降り立つ。孫惣《まぐそ》谷に下るコースは荒れて使用できないので注意してほしい。

ナギ谷ノ頭へは急勾配な登りなので、ゆっくり足場を確かめながら行こう。ひと登りすると倒木が多い**天祖山**の頂上台地だ。モミの巨木に包まれた天祖神社が最後のピークとなる。朽ちた社務所跡をすぎ、ブナやカエデの自然林の中を下る。晩秋には落ち葉で道が覆われてわかりづらく、またゴツゴツした岩場があるので、赤テープに注意しながら下ろう。

朽ちた大日《だいにち》天神、ついで自動雨量計をすぎると、やがて沢音が聞こえてくる。懸崖の上をトラバースする道は細くすべりやすい。急斜面のジグザグのガレ場を下りきると、**八丁《はっちょう》橋**のある天祖山登山口に出てほっとする。あとは日原林道を**東日原バス停**まで歩こう。

（大倉洋右）

CHECK POINT

1 東日原バス停から200㍍地点にある天目山登山口。林道の左の坂を登っていく

2 一杯水避難小屋。近くの水場は涸れていることがある

3 石尾根や富士山を望む天目山（三ツドッケ）の山頂

4 大栗山〜七跳山コル間の桟道はスリップに注意

5 タワ尾根分岐。南へのびるタワ尾根はルート不明瞭

6 ナギ谷ノ頭へは木の根が張り出した急な登りとなる

沿いの日原街道で日原へ。東日原バス停手前に駐車場（有料）がある。

■**登山適期**
新緑と紅葉の時期がおすすめだ。5月の頃はヤマツツジ、ヤシオツツジが稜線上に咲く。紅葉は11月初旬。夏は蒸し暑く不適。

■**アドバイス**
▽西谷山避難小屋の水場は小屋前にあるが、時期により水量は少なく、涸れているときもある。収容人数は6名ほどだけに春から秋の週末や連休には混み合うことがあり、万一泊まれない場合を考え、テント持参の登山者も多い。
▽小川谷林道は全線通行止めが続いているため注意。日原鍾乳洞から七跳尾根を詰めるコースも使用禁止になっている（2023年5月現在）。
▽日原鍾乳洞は関東一の規模を誇る鍾乳洞。夏でも涼しく快適なので訪れてみたい。

■**問合せ先**
奥多摩町産業観光課☎0428・83・2111、奥多摩ビジターセンター☎0428・83・2037、西東京バス氷川車庫☎0428・83・2126、西谷山避難小屋・一杯水避難小屋☎042・521・2947（東京都多摩環境事務所）、日原鍾乳洞☎0428・83・8491

■**2万5000分ノ1地形図**
武蔵日原・雲取山

＊コース図は42・43ページを参照。

埼玉県
秩父市
飯能市
1:45,000
天目山
(三ツドッケ)
1576
天目山分岐
南西の展望
岩場
一杯水避難小屋
一杯水
分岐、道標
1441
歩きやすい稜線の道
長沢背稜
1449
分岐、道標
棒杭尾根
この間道の左手が切れ落ちている
仙元峠
1444
仙元尾根
蕎麦粒山
1473
長尾山
1339
桂谷ノ峰
1380
オハヤシの頭の道標
離岩尾根
日向沢ノ峰
1356
モニュメントの木がある
大岩
獅子口小屋跡
踊平
仁田山
1211
日向沢林道
ツツジ
1388
ヨコスズ尾根
ヨコスズ山
1289
ブナ
この間道幅狭い(滑落注意)
滝入ノ峰
1310
アンテナ
ジグザグの登り
松岩ノ頭
1268
急登
百尋ノ滝
962
沢床に下る
足毛岩
足毛岩分岐
横ヶ谷平
1286
川苔山
1363
東の肩
曲ヶ谷北峰
曲ヶ谷南峰
舟井戸
1240
鋸尾根
笙ノ岩山
1255
倉沢林道
神尾尾根
鳥屋戸尾根
917
ここから登山道
細倉橋
竜王橋
608
ウスバ尾根
1102
ウスバ乗越
1165
聖滝
逆川
川乗林道
川苔谷
大ダワ
日原トンネル
倉沢のヒノキ
日原街道
日原川
509
川乗橋バス停
412m
Start
平石山
1075
瘤高山
本仁田山
1225
奥多摩駅、国道411号へ
奥多摩駅へ

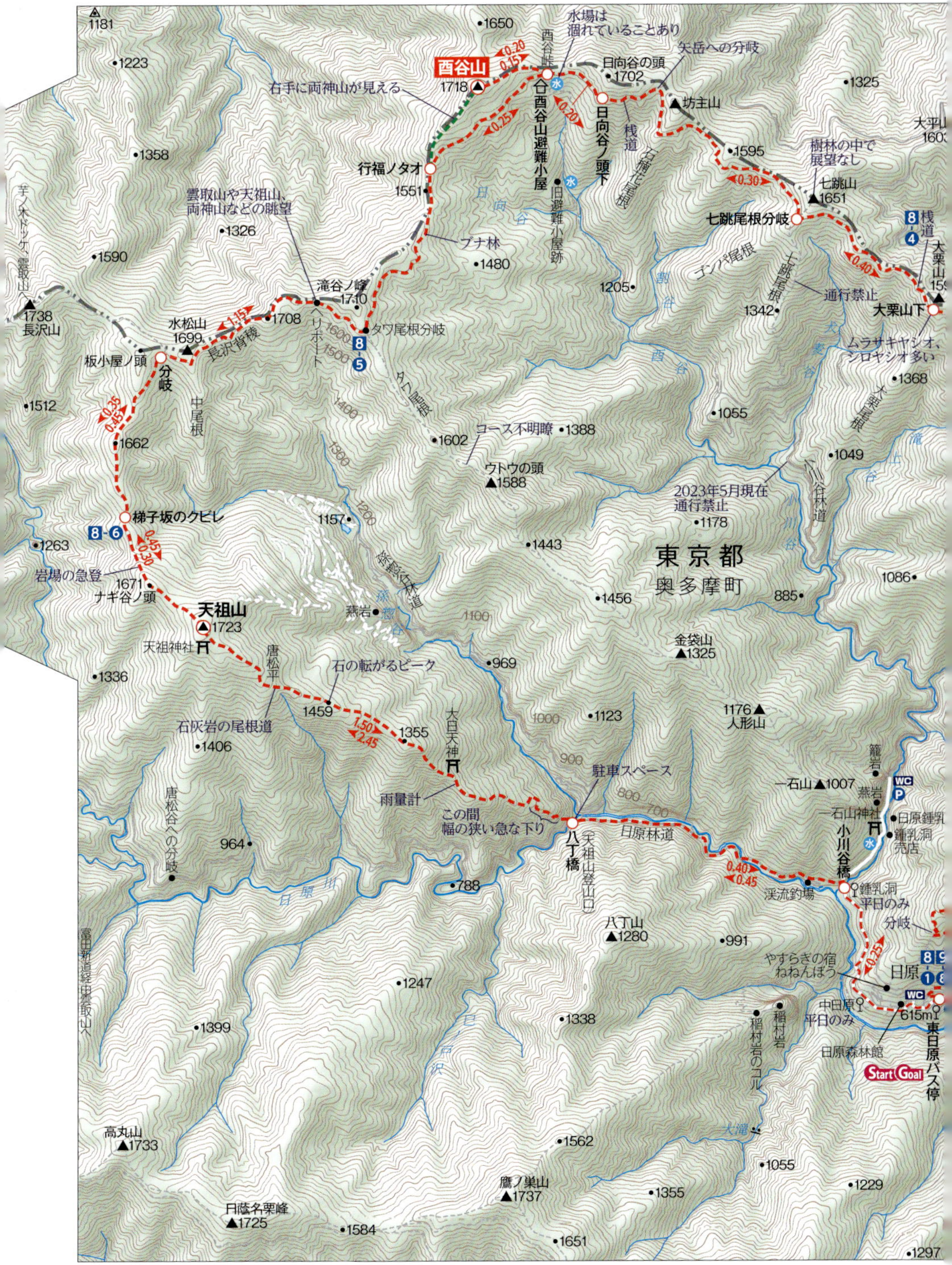
西谷山
1718
水場は涸れていることあり
矢岳への分岐
日向谷の頭
1702
右手に両神山が見える
西谷山避難小屋
日向谷ノ頭下
坊主山
桟道
行福ノタオ
1551
旧避難小屋跡
七跳尾根分岐
七跳山
1651
雲取山や天祖山、両神山などの眺望
ブナ林
1480
ゴンパ尾根
通行禁止
滝谷ノ峰
1710
タワ尾根分岐
大栗山下
水松山
1699
1708
長沢背稜
ヘリポート
ムラサキヤシオ、シロヤシオ多い
長沢山
1738
板小屋ノ頭
分岐
中尾根
1662
1602
コース不明瞭
1388
ウトウの頭
1588
2023年5月現在通行禁止
梯子坂のクビレ
1157
1178
東京都
奥多摩町
岩場の急登
1671
ナギ谷ノ頭
天祖山
1723
天祖神社
燕岩
金袋山
1325
石の転がるピーク
1459
1355
唐松平
石灰岩の尾根道
大日天神
雨量計
この間幅の狭い急な下り
駐車スペース
八丁橋
日原林道
一石山
1007
人形山
1176
小川谷橋
鍾乳洞平日のみ
渓流釣場
八丁山
1280
分岐
日原
やすらぎの宿ねねんぼう
中日原平日のみ
稲村岩
東日原バス停
615m
日原森林館
Start Goal
鷹ノ巣山
1737
高丸山
1733
日蔭名栗峰
1725
大滝

09 川苔山から蕎麦粒山へ。静かな山歩きを楽しむ健脚向けコース

蕎麦粒山・天目山

そばつぶやま 1473m
てんもくさん 1576m

日帰り

歩行時間＝10時間10分
歩行距離＝20.0km

技術度

体力度

コース定数＝**45**

標高差＝1164m

累積標高差 ↗2063m ↘1863m

奥多摩《おくたま》では比較的標高が高いが、奥まった位置にあるため訪れる人が少ない2山。名瀑・百尋《ひゃくひろ》ノ滝と川苔山《かわのりやま》を経由し、さらに長沢《ながさわ》背稜《はいりょう》の静けさも楽しむ、贅沢な健脚向けコースを紹介する。

川乗橋《かわのり》バス停から川乗林道を歩き**細倉《ほそくら》橋**へ。百尋ノ滝・川苔山への道標にしたがい登山道に入る。百尋ノ滝までは登山道がしっかりしているので快適だ。

岩場の道を越えると**百尋ノ滝**が現れる。落差40㍍の滝の迫力を楽しんだら登山道に戻り、川苔山への道標にしたがって鉄バシゴを登り、いっきに高度を稼いでいく。

正面の蕎麦粒山へ向けて晩秋の尾根道をたどる

途中で火打石《ひうちいし》谷の小沢を渡るので、水を補給しておこう。

足毛岩《あしげいわ》への分岐を左に折れ、勾配のある登山道を登る。川苔山が樹々の間からのぞきはじめると、川苔山直下の登山道が分岐する**東の肩**に着く。まずは**川苔山**をピストンしよう。

東の肩に戻ったら道標にしたがい古里《こり》駅方面へ進むが、ここからは稜線上の開けた登山道となる。曲ヶ谷北峰《まがりがたにほっぽう》の分岐からいったん下り、蕎麦粒山への道標に導かれてひとピーク越えると**踊平《おどりだいら》**に着く。この先の蕎麦粒山巻道の道標では、正面の大岩に向って進もう。

大岩への急登は左の樹林帯に導かれて高度を稼いでいく。樹林帯を抜けて開けた道を登りきると、西側の展望がよい**日向沢《ひなたざわ》ノ峰《みね》**に着く。その先で幹に大穴が空いたモニュメントのような木に出会う。ここは棒《ぼう》ノ折山《おれやま》への分岐でもある。

登り返してオハヤシの頭《かしら》の道標をすぎ、桂谷《かつらだに》ノ峰から大きく下って登り返すと**蕎麦粒山**山頂だ。南側が開け、川苔山が望める。広くはないが、眺めを楽しみながら休憩していこう。

ここから一杯水《いっぱいみず》へは、南側が切れ落ちた細い稜線上の道が続く。秋は落ち葉が登山道を覆っているので注意したい。仙元《せんげん》峠手前は左の巻道を進み、棒杭《ぼうくい》尾根道の分岐道標をすぎて尾根沿いに進むと天目山への分岐に出る。ここを直進すると、まもなく一杯水の水場だ。水場をすぎれば**一杯水避難小屋**はすぐそこだ。きれいな小屋で水場も近いので、ここに1泊する登山

■鉄道・バス
往路＝JR青梅線奥多摩駅から西東京バスで川乗橋へ。
復路＝東日原から西東京バスで奥多摩駅へ。
■マイカー
登山口までマイカーで入れないので、

CHECK POINT

細倉橋から百尋ノ滝までは、沢に架かる橋を何度か渡る

川苔山直下で登山道が分岐する東の肩。左が蕎麦粒山方面

踊平から日向沢ノ峰への登り。獅子口小屋跡方面は通行止め

日向沢ノ峰からは川苔山から蕎麦粒山まで見わたせる

蕎麦粒山山頂には蕎麦の実のような岩がぽつんとある

一杯水の水場は登山道沿いにあるが、涸れていることも多い

一杯水避難小屋からのヨコスズ尾根の下りは快適だ

登山道から出て、車道上を歩くと東日原のバス停は近い

天目山山頂からの石尾根縦走路と富士山

←迫力ある百尋ノ滝

↑モニュメントのような木がある棒ノ折山への分岐

者も多い。小屋の裏手から展望のよい天目山までは小1時間ほどで往復できる。**天目山**（三《み》ツドッケ）の山頂からは秩父《ちちぶ》方面や石《いし》尾根の展望がよく、富士山《ふじさん》も望むことができる。

一杯水避難小屋に戻ったら、東《ひがし》日原《にっぱら》までヨコスズ尾根を下る。樹林帯の中の気持ちよい道だ。最後に急勾配のつづら折りの道を下り、舗装された道に出て直進すると**東日原バス停**に着く。

（星野恒行）

マイカー登山は向かない。しかし前夜、JR青梅線鳩ノ巣駅近くの公営無料駐車場（約30台・トイレあり）に停めて、朝いちばんの電車で奥多摩駅に出るという方法はある。

■登山適期

4月中旬～5月上旬の新緑の頃と、9月下旬～11月上旬の紅葉の頃がおすすめ。12月以降は軽アイゼンなどの冬装備が必要となる。

■アドバイス

▽このコースはアップダウンが多く、歩行距離も長い健脚向きのコース。歩行時間も長いため、日が短い季節は一杯水避難小屋で1泊する計画を立てたほうがよい。

▽百尋ノ滝や川苔山、日向沢ノ峰、蕎麦粒山、天目山と見どころ満載だが、そのぶん各所で立ち止まり時間がかかってしまう。歩行時間には滞在時間を含んでいないので、山行計画には充分な余裕をもってほしい。

▽一杯水の水場は必ず出ている保証はない。百尋ノ滝から川苔山間の火打石沢で補給しておきたい。

■問合せ先

奥多摩町産業観光課☎0428・83・2111、西東京バス氷川車庫☎0428・83・2126、一杯水避難小屋☎042・521・2947（東京都多摩環境事務所）

■2万5000分ノ1地形図

奥多摩湖・武蔵日原

＊コース図は42・43ページを参照。

10

王道コースの逆で山頂に立ち、名瀑・百尋ノ滝をゆっくり楽しむ

川苔山①

かわのりやま
1363m

鳩ノ巣駅～川苔山～川乗橋

日帰り

歩行時間＝6時間15分
歩行距離＝12・6㎞

技術度

体力度

コース定数＝**29**

標高差＝1042m

累積標高差 1305m 1205m

広々とした台地のような川苔山の山頂は展望にも恵まれている

　奥多摩《おくたま》町中心部の北に位置する川苔山（地形図では「川乗山《かわのりやま》」）。山名は、この山の清流から川海苔《のり》が採れたことからとされる。澄んだ水の流れと名瀑を有し、豊かな緑に包まれた魅力あふれる山だ。

　最もポピュラーなのは川乗橋から百尋《ひゃくひろ》ノ滝を経て山頂に立ち鳩《はと》ノ巣《す》へ下るコースだが、今回紹介するのは、その逆コース。駅から歩いて登れるアプローチのよさと、午前中は混み合う百尋ノ滝を、空いている時間帯に堪能できるということで人気も増している。

　スタートはJR青梅《おうめ》線の**鳩ノ巣駅**。ホリデー快速は停車しないので注意してほしい。

　改札を出ると右手にベンチとトイレがあるので、身支度を整えて出発する。すぐに踏切があり、渡ったら車道を道なりに歩く。舗装路を10分ほど登ると左に**登山道入口**があり、土の感触が柔らかい山道に入る。少し先の熊野《くまの》神社への分岐を右に折れ、樹林の中を心地よく登っていく。30分ほどで小さな祠が現れる。ここが**大根山《おおねのやま》の神《かみ》**で、祠の先が広場となっている。西川《にしかわ》

舟井戸の先でみごとな紅葉に遭遇

■鉄道・バス

往路＝JR青梅線鳩ノ巣駅。復路＝川乗橋から西東京バスでJR青梅線奥多摩駅へ。

■マイカー

圏央道日の出ICから都道、国道411号などで鳩ノ巣駅へ。駅近くの公営駐車場に駐車して登山に臨む。下山後は川乗橋バス停からバスで奥多摩駅へ向かい、JR青梅線で鳩ノ巣駅に戻る。

■登山適期

オールシーズンおすすめではあるが、4月中旬～5月中旬の新緑と、10月中旬～11月上旬の紅葉時期がとくにいいだろう。百尋ノ滝は夏場も涼しく気持ちがよいが、滝以外は蒸し暑いことを覚悟して出かけよう。

■アドバイス

▽鳩ノ巣駅にはホリデー快速は停車しないので、各駅停車の時刻を確認して早立ちを心がける。

▽鳩ノ巣駅は売店がなく駅前にコンビニもないので、食料・飲料は事前に準備する。

▽鳩ノ巣駅と登山道に入る手前にトイレはあるが、山中にはないことを頭に入れておこう。細倉橋にあったトイレは撤去されたため、トイレは奥多摩駅まで行く必要がある。

▽登りの危険箇所は少ないが、下りはすべりやすいところがあるので気をつけたい。冬の日だまりハイクで

東の肩から山頂へは緩やかに登って10分ほどだ

名瀑・百尋ノ滝をひとり占め。午後の光が滝の上部に入り美しい

正面にエビ小屋山を見ながら紅葉の道を緩やかに登る

林道の終点でもあり、瘤高《こぶたか》山《やま》、大《おお》ダワへ向かう道の分岐ともなっている。

ひと息ついたら広場の右手の道をいったん下り、舟《ふな》井戸《いど》を目指す。石段から登山道に入ると、目の前にエビ小《こ》屋山《やま》の端正な山容が見える。しばらく緩やかな登りとなるが、途中、東京都水道水源林という看板があり、水を蓄える森の豊かさを実感できるだろう。しばらく進んで沢を渡り、右に折れるように道なりに行くと、休憩にちょうどよいスペースが現れる。ベンチがあるので、ここで小休止していこう。

その先は樹林の中の急登を行く。**大ダワへの分岐**をすぎ、急勾配の斜面をつづら折れに高度を上げていくと、視界が急に開けて**舟井戸**に到着する。よく見ると船底のような窪みになっていて、その名のいわれがわかるだろう。

舟井戸からは稜線を歩くが、すぐ先の曲ヶ谷北峰《まがりがたにほっぽう》への分岐をすぎると水場の標識がある。左手の急斜面を下った沢に水場があるので必要に応じて補給するとよい。そこから川苔山の**東《ひがし》の肩《かた》**を経て20分ほどで**川苔山**の頂に着くが、そこは広々とした台地のようで多くの登山者でにぎわっている。東側以外の展望が開けていて雲取山《くもとりやま》や富《ふ》士山《じさん》を見わたせるので、昼食をとりながら休憩しよう。

展望を楽しみ腹ごしらえがすんだら、来た道を戻り、**東の肩**を道標にしたがい左に折れて百尋ノ滝へ下る。新緑や紅葉の頃には木々の色づきが美しい。**足毛岩《あしげいわ》への分岐**をすぎ、沢を渡ってしばらく進むと急降下注意の看板がある。百尋ノ滝までは岩場やハシゴ、補助ロープもある下りとなるので、慎重に行動する。

下りきると、目の前に落差40《メートル》の**百尋ノ滝**がその全容を現す。午後の時間帯は人がまばらで、滝を見上げる写真を撮ったり、手で清流の冷たさを実感したりと名瀑をひとり占めする気分を味わえる。

は軽アイゼンなどのすべり止めを携行しよう。

■問合せ先
奥多摩町産業観光課☎0428・83・2111、奥多摩ビジターセンター☎0428・83・2037、西東京バス氷川車庫☎0428・83・2126

■2万5000分ノ1地形図
奥多摩湖・武蔵日原

＊コース図は52・53《ページ》を参照。

滝を楽しんだら、渓流沿いに小さな橋をくり返し渡って細倉《ほそくら》橋を目指す。柔らかい光に輝く木の葉や水面、水の音に癒されながら、今日の山旅の印象を心に刻みながら歩きたい。

登山道が終わり**細倉橋**で林道に出れば、あとは**川乗橋バス停**まで下っていくだけだ。やがてゲートが見え、その向こうにバスを待つ登山者たちが並んでいる。

（庄内春滋）

写真協力＝渡邉明博、上野玲奈

川苔山山頂からの石尾根方面の眺め

CHECK POINT

1 鳩ノ巣駅の地図で今日のコースを確認してスタート

2 駅のすぐそばの踏切。ここを渡って右奥の方向に進む

3 駅からの舗装路が終わり、本格的な登山道に入る

4 小さな祠のある大根山の神。この先が広場になっている

5 大ダワへの分岐をすぎた先のベンチのあるスペースでひと息入れる

6 ⑤の先で急登がはじまる。ここから舟井戸までは頑張りどころ

7 舟井戸に到着。写真の手前が井戸のように窪んでいる

8 水場の標識を下ると沢沿いに水を汲める場所が見つかるはずだ

9 水場の先をひと登り。ここをクリアすれば東の肩に到着する

10 下山路も木々の色づきが美しい。しばらくは緩やかに下る

11 途中で沢を渡る。昔はこのあたりで川海苔が採れたのだろうか

12 通行注意の看板からは、いっきに百尋ノ滝まで下っていく

13 滝をすぎてからもハシゴやロープがあるので慎重に通過する

14 沢沿いの細い登山道を進むと、細倉橋はもうすぐだ

15 細倉橋にあったトイレ。2023年現在は撤去されている

16 川乗橋バス停に到着。週末ともなれば多くの登山者がバスを待っている

11

静かな山行が楽しめる赤杭尾根から川苔山へのコース

川苔山②

古里駅～川苔山～奥多摩駅

かわのりやま 1363m

日帰り

歩行時間＝8時間35分
歩行距離＝14・5㎞

技術度

体力度

赤杭尾根を行く。春は新緑を楽しみ、秋は枯れ葉が敷き詰められる気持ちのよい道だ

←弁当尾根（峰戸山手前）の新緑とヤマザクラが目にまぶしい

↑開放的な川苔山山頂で登頂記念パフォーマンス！

コース定数＝**48**	
標高差＝1072m	
累積標高差	↗1707m ↘1658m

川苔山から南東に続く赤杭尾根《あかぐなおね》で山頂に立ち、大ダワ《おお》、本仁田山《ほにたやま》を経て奥多摩駅《おくたま》まで歩くこのコースは、登山者が少なく静かな山歩きが楽しめる。奥多摩通を目指す健脚者向きコースを紹介する。

古里駅《こり》の上り線ホームの改札を出て右に曲がり、熊野《くまの》神社に向かう。神社の先で右上への登り坂の道に入ってしばらく進むと、コンクリートの登り階段がある。ここが登山口だ。道はゆっくりと直線的に登っていくが、しだいにスギの植林の中を行くようになる。尾根に上がったら右に折れ、尾根伝いに登る。左手に本仁田山が望める。登山道がところどころ細くなっているので注意しよう。

川井やズマド山《やま》への分岐道標を左に折れてからは、ぐんぐん高度を稼いでいく。勾配が緩くなると**峰戸山《みのとやま》の鞍部《あんぶ》**に着く。この先は赤杭山まで緩やかな気持ちのよい道だ。**赤杭山**（赤久奈山《あかぐなやま》）山頂は北と東側の展望が樹林越しに望める。正面が棒ノ折山《ぼうおれやま》だ。

この先の開けた場所で**真名井林《まない》**

＊コース図は52・53ジペーを参照。

瘤高山への手前から雲取山方面を望む

峰戸山下の新緑美林で森林浴。ふたりで大きく深呼吸

道が合流し、左の幅広い作業道に入る。川苔山・赤杭山道標をすぎ、川苔山方面の道標（**川苔山への登り口**）で左の登山道へ。春はカタクリの群生に出会えるだろう。

エビ小屋山《こややま》への分岐は道なりに右方向へ進む。勾配が緩やかになって幅広い尾根道に出ると、前方が開けて川苔山が姿を見せる。ここから曲ヶ谷南峰《まがりがたになんほう》までひと登りだ。

左右から尾根が重なる南峰を直進して**曲ヶ谷北峰《ほっぽう》**に出ると、視界が大きく開ける。正面に蕎麦粒山《そばつぶやま》、

大ダワへの道は荒れた箇所がある。慎重に行動したい

赤杭山山頂は樹林の中だが、東側に棒ノ折山が望める

その左奥に天目山《てんもくざん》（三《み》ツドッケ）、左に行けば**東《ひがし》の肩《かた》**を経て10分ほどで**川苔山**山頂に着く。山頂は東西に長く、西側が大きく開けていて、ベンチもある。

山頂から**東の肩**に戻り、鳩《はと》ノ巣《す》駅の道標にしたがい右に折れ、道なりに軽快に下ると**舟井戸《ふないど》**に着く。右手の尾根を登る鋸《のこぎり》尾根道は行かず、左の鳩ノ巣方向への山腹道へ進む。露岩がゴロゴロと現れると大ダワと鳩ノ巣駅との分岐（**大ダワ分岐**）だ。この先大ダワへは悪路が続くので、充分注意が必要だ。

大ダワで先ほど別れた鋸尾根道と合流する。本仁田山へはまず瘤《こぶ》高山《たかやま》の登りとなる。鳩ノ巣からの登山道が合流すると**瘤高山**の山頂だが、道標がないので見落としやすい。さらにひと登りした道標の先が**本仁田山**山頂だ。東側の展望が開け、青梅《おうめ》市街が遠望できる。

山頂からは大休場《おおやすんば》尾根をぐんぐん下っていく。うんざりするほど下ると**鞍部**に出て、安寺沢《あてらざわ》・奥多摩駅の道標にしたがい右へ下る。登山道はザレていて歩きづらい。沢の音が聞こえて来たら**安寺沢**はもうすぐだ。

安寺沢から**奥多摩駅**までは舗装された道をしばらく歩く。

（星野恒行）

■鉄道・バス
往路＝JR青梅線古里駅。
復路＝JR青梅線奥多摩駅。

■マイカー
マイカー利用には向かないコースだが、歩行距離が長いので、前夜にJR青梅線鳩ノ巣駅近くの公営駐車場（圏央道日の出ICから都道、国道41

CHECK POINT

1 古里駅の上り線ホームの改札を出る

2 古里駅から北側の熊野神社へ向かって車道を歩いていく

3 川苔山登山口、壁に「赤杭山を経て川苔山の登山口」と明記された標識がある

4 弁当尾根の途中で川井駅への分岐を左に折れる

5 真名井林道合流地点は左の幅広い作業道を下っていく

6 川苔山への道標。ここで幅広の作業道を離れ再び登山道に入る

7 エビ小屋山分岐。エビ小屋山へは時間的余裕があればピストンしよう

8 曲ヶ谷北峰は左が川苔山、右が蕎麦粒山の分岐点だ

9 四方から道が合流する川苔山東の肩。川苔山の山頂へは登り10分

10 舟井戸の分岐。直進の鋸尾根ではなく、起伏の少ない山腹道で大ダワ分岐へ

11 大ダワへの分岐。直進方向が今回のコース、左は鳩ノ巣駅へ

12 大ダワは案内板や道標がしっかりしている

13 瘤高山手前の分岐に立つ道標。「本仁田・奥多摩駅」方面に進む

14 本仁田山山頂の石の山は、歩荷で荷揚げしたのだろうか

15 本仁田山から下ると鞍部に出る。直進方向はロープで塞がれ、右の道に入る

16 安寺沢では民家の脇から舗装道に出る

1号などでアクセス〉で仮眠して、朝いちばんの列車で隣の古里駅までひと駅戻って入山、下山後は奥多摩駅から鳩ノ巣駅まで列車で移動する方法もある。

■登山適期

オールシーズン楽しめるコースだが、4月中旬～5月中旬の新緑と、10月中旬～11月上旬の晩秋時期がおすすめ。赤杭尾根の枯れ葉を踏みしめて歩ける時期は格別。

■アドバイス

▽日帰りのわりに歩行距離が長いので早出を心がけること。なかでも赤杭尾根は美しいので、ゆっくりしすぎて時間オーバーしないように。また、川苔山からの下山コースも歩行距離が長いので、日没の早い時期は充分余裕をもって行動したい。余裕をもって歩くなら、マイカーを使って夜行日帰りにする方法もある（マイカー欄参照）。

▽水場が川苔山の先までないので、不足しないようにあらかじめ持参しておくこと。

■問合せ先

奥多摩町産業観光課☎0428・83・2111、奥多摩ビジターセンター☎0428・83・2037、西東京バス氷川車庫☎0428・83・2126

■2万5000分ノ1地形図

奥多摩湖・武蔵御岳

10 は10川苔山①のCHECK POINT番号です
11 は11川苔山②のCHECK POINT番号です
12 は12本仁田山のCHECK POINT番号です
開けた稜線の道
真名井沢ノ頭
真名井北稜
エビ小屋山分岐
11-7
エビ小屋山
急登
川苔山登り口
カタクリ群生
11-6
広い作業道を歩く
真名井林道
11-5
真名井林道
棒ノ折山が見える
赤杭山
(赤久奈山)
赤杭尾根
気持ちのよい尾根道歩き
視界が開ける
峰戸山
峰戸山鞍部
11-4
川井駅分岐
ザレた道の登り
ズマド山
道標にしたがい右へ
本仁田山が見える
登山口
11-3
登山口の案内板
右上の道へ
小丹波
熊野神社
11-2
古里駅
11-1
291m
Start
万世橋
百軒茶屋
真名井沢
大丹波川
道標。狭いスペースながら休憩できる
東京都水道水源林の看板
奥多摩町
峰入川谷
杉ノ殿尾根
道標
林道をわずかに進んで左手の階段を上がる
大根山の神
12-6
10-4
西川林道
西川
杉林の急な道
熊野神社分岐
12-7
棚澤
10-3
登山道入口
熊野神社
12-8
公営駐車場
10-2
踏切
10-1
鳩ノ巣駅
321m
Start Goal
東京都水産試験場
古里附
JR青梅線
金の水
多摩川
寸庭
坂下
寸庭川
鳩ノ巣渓谷
白丸駅
白丸ダム
数馬峡橋
城山トンネル
御岳山へ
丹三郎
川井駅へ
川井駅、青梅駅へ
青梅へ
杉ノ殿尾根
1091
676
1002
1168
710
406
957
550
853
931
924
500
841
809
736
558
765
721
690
659
672
478
369
394
669
388
287
381
519
277
526
559
1147
1100
1000
900
800
700
600
500
0.50
0.30
0.20
0.15
0.10
1.25
0.55
1.00
1.30
0.45
0.35
1.45
1.10
411
45

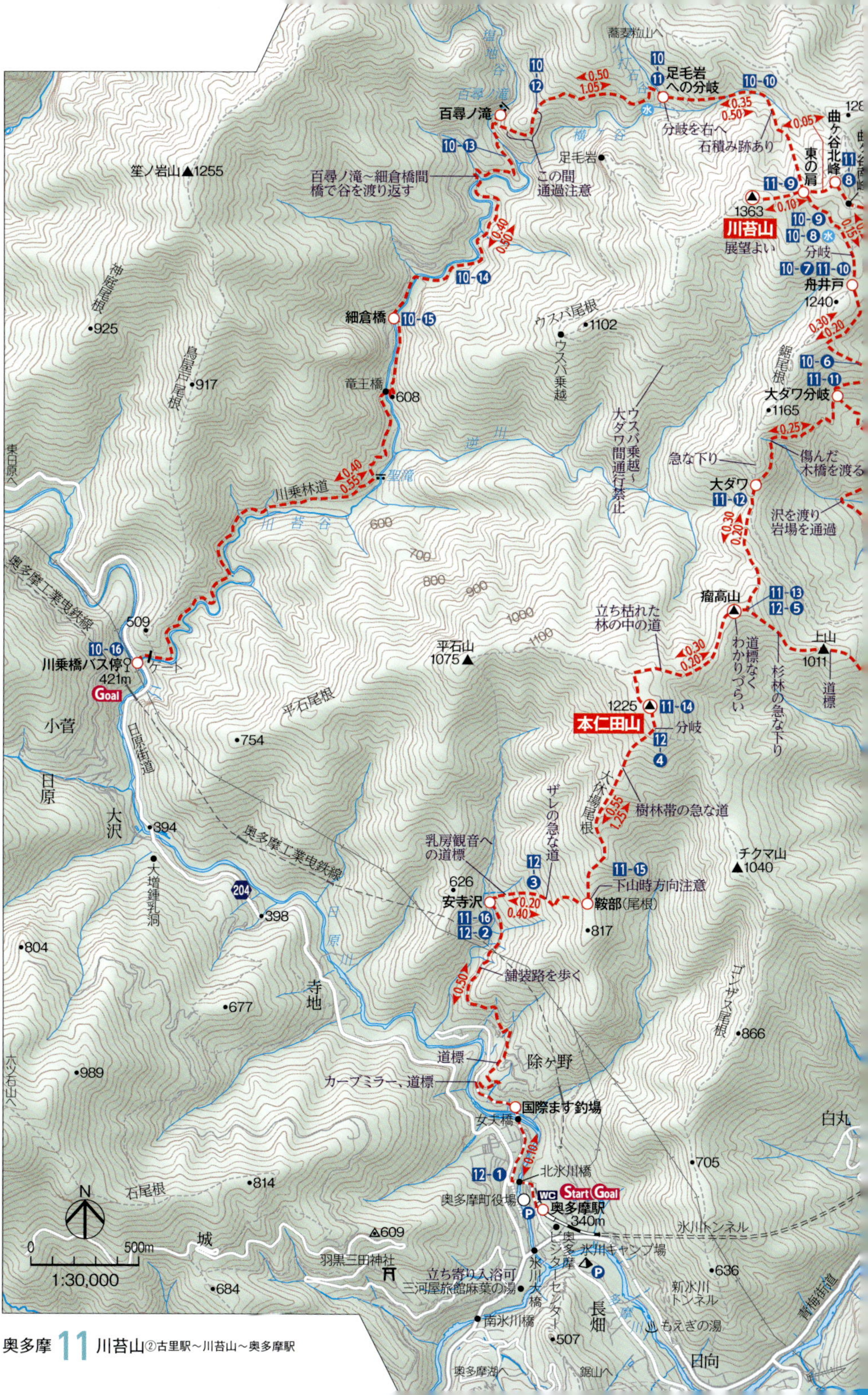
百尋ノ滝
足毛岩への分岐
分岐を右へ
石積み跡あり
曲ヶ谷北峰
東の肩
1363
川苔山
展望よい
分岐
舟井戸
1240
笙ノ岩山▲1255
百尋ノ滝～細倉橋間
橋で谷を渡り返す
この間
通過注意
足毛岩
蕎麦粒山へ
細倉橋
竜王橋
608
ウスバ尾根
1102
ウスバ乗越
ウスバ乗越～大ダワ間通行禁止
大ダワ分岐
1165
急な下り
傷んだ木橋を渡る
大ダワ
沢を渡り
岩場を通過
•925
•917
鳥屋戸尾根
神庭尾根
東日原へ
川乗林道
聖滝
川苔谷
600
700
800
900
1000
1100
奥多摩工業専用線
509
川乗橋バス停
421m
ゲート
Goal
平石山
1075
瘤高山
立ち枯れた林の中の道
道標なくわかりづらい
杉林の急な下り
上山
1011
道標
1225
本仁田山
分岐
大休場尾根
樹林帯の急な道
平石尾根
•754
小菅
日原
大沢
日原街道
•394
大増鍾乳洞
204
•398
奥多摩工業専用線
乳房観音への道標
ザレの急な道
626
安寺沢
鞍部(尾根)
下山時方向注意
•817
チクマ山
▲1040
•804
寺地
日原川
舗装路を歩く
ゴンザス尾根
•677
•866
•989
六ツ石山へ
道標
除ヶ野
カーブミラー、道標
国際ます釣場
女夫橋
白丸
北氷川橋
•705
奥多摩町役場
Start Goal
奥多摩駅
340m
石尾根
•814
0
500m
1:30,000
城
609
羽黒三田神社
氷川トンネル
奥多摩ビジターセンター
氷川キャンプ場
•636
立ち寄り入浴可
三河屋旅館麻葉の湯
氷川大橋
•684
新氷川トンネル
南氷川橋
長畑
もえぎの湯
青梅街道
•507
日向
奥多摩湖へ
鋸山へ

12

本仁田山

アプローチがよく、尾根歩きと展望も楽しめる登りがいのある山

日帰り

ほにたやま 1225m

歩行時間=5時間20分
歩行距離=7・9km

技術度 ●●○○○
体力度 ●●○○○

コース定数	=23
標高差	=906m
累積標高差	↗1040m ↘1059m

(上)起点の奥多摩駅
(下)登山口へは1時間の車道歩き

奥多摩《おくたま》駅の背後にそびえ立つ本仁田山は、駅から直接登れるだけに、とてもアプローチが楽な山だ。奥多摩駅から山頂に立ち鳩《はと》ノ巣《す》駅に下るコースは往路こそ急登の連続だが、下山は気持ちのよい尾根歩きと展望が楽しめる。

奥多摩駅で下車したら、駅を背にして右に進路をとる。少し下った北氷川《きたひかわ》橋を渡りきり、右方向へ標識通りに本仁田山方面に進んでいく。女夫《めおと》橋を渡り、**国際ます釣場**前を左方向へ。民家をすぎ、昔使われていた鉄道の橋の下を通過する。本仁田山の標識にしたがい右に曲がり、アスファルト舗装の車道をしばらく上がる。民家が途絶えてくると**安寺沢**《あてらざわ》の登山口に到着するが、看板を見落とさないように気をつけよう。

ここからは急な登りとなる。熊出没の看板があるが、登りはじめは民家の脇を登るので、ここでは鈴やラジオの音を鳴らさず静かに歩こう。やがて樹林の中に入ると、さらに傾斜が増してくる。足場が悪い箇所も通るので、滑落に注意しよう。

鞍部《あんぶ》で尾根に出てからもなお急登が続く。踏跡が不明な箇所は、よく見るとコースのラインがわかるので、落ち着いて行動しよう。空を近く感じるようになってきたら山頂は近い。右側が伐採されて

森林浴気分で下る杉ノ殿尾根は心地よい

あとひと登りで本仁田山山頂だ

■鉄道・バス
往路=JR青梅線奥多摩駅。
復路=JR青梅線鳩ノ巣駅。
■マイカー
登山口に駐車場はないので鳩ノ巣駅（圏央道日の出ICから都道、国道411号などでアクセス）そばの公営駐車場（トイレあり）に車を停め、JR青梅線で奥多摩駅へ移動する。
■登山適期
■アドバイス
真夏時期を除けばいつでも可。

本仁田山頂からの関東平野（中央は西武ドーム）

本仁田山山頂にて

見晴らしのよい尾根道だけに、気持ちよく歩ける。たどり着いた**本仁田山**の山頂は東側の展望が開けている。ベンチもあるので、ゆっくりランチタイムを楽しもう。

下山は北の川苔山《かわのりやま》方面に歩く。気持ちのよい尾根道を緩やかに下り、少し登ると広く眺めのよい**瘤《こぶ》高山《たかやま》**に着く。ここから進路を右にとり、杉《すぎ》ノ殿《との》尾根を下る。その名の通り、心地よい杉林の道だ。鳩ノ巣駅方面の標識があるので、迷うことなく安心して歩ける。

1時間ほど下ると、開けた広場と小さな社がある**大根山《おおねのやま》の神《かみ》**に着く。鳩ノ巣からの西川《にしかわ》林道がここまでのびているが、細く急な登山道に入り、鳩ノ巣駅へ向かう。

眼下に神社が見えてくると、イチョウの木で有名な**熊野《くまの》神社**の裏に出る。その先で車道に出て直進し、道なりに進む。民家の脇を抜けると鳩ノ巣駅の看板がある。緩やかに下って踏切を渡れば、左に**鳩ノ巣駅**の駅舎が見える。

（塩田諭司）

▽尾根歩きを楽しめる当コースは、本仁田山まではきつい登りが続くが、山頂からの下山コースは美しい杉林がある尾根道歩きとなる。とくに瘤高山からの鳩ノ巣方面への下り（杉ノ殿尾根）はこれから行く尾根を眼下に望むことができる。

▽最近は熊の目撃情報があるので注意したい。万一に備え、鈴や携帯ラジオなどを用意しておこう。

■問合せ先

奥多摩町産業観光課☎0428・83・2111、奥多摩ビジターセンター☎0428・83・2037

■2万5000分ノ1地形図

奥多摩湖・武蔵御岳

CHECK POINT

北氷川橋を渡って右の国際ます釣場方面に向かう

安寺沢の登山口に到着。身支度を整え出発する

登山口からは尾根に出るまで40分ほど急登が続く。ここはそのほぼ中間点

本仁田山山頂への尾根道は東面が伐採され眺めがよい

瘤高山直下の分岐。道標にしたがい鳩ノ巣駅方面へ

この地点のすぐ下が大根山の神で、川苔山からの登山道とも合流する

熊野神社上部の分岐。どちらを経由しても鳩ノ巣駅へ向かう

熊野神社。境内に樹高40メートル・幹回り3メートルの大イチョウがある

＊コース図は52・53ページを参照。

13

東京から埼玉へ都県境界を越え、両都県の自然と展望を満喫

棒ノ折山

ぼうのおれやま
969m

日帰り

歩行時間＝3時間35分
歩行距離＝5・9km

技術度
体力度

コース定数＝15
標高差＝750m
累積標高差 664m 816m

山頂のサクラ。四季折々様相を変化させ登山者を楽しませる

棒ノ折山は東京都奥多摩《おくたま》町と埼玉県飯能《はんのう》市の都県境界にあり、東京都側では棒ノ折山、埼玉県側では棒ノ嶺とよばれ、ハイカーに大変親しまれている。

権次入峠へ向かう歩きやすい登山道

東京都側の登山口となる**清東橋《せいとうばし》バス停**から歩いて約10分のところに駐車場があり、その先に**登山道入口**がある。渓谷側に下って丸太橋を渡り、ワサビ畑を見ながら登山を開始する。しばらく沢沿いにワサビ畑と並行して登る。小さな滝が変化を与えてくれる。

やがて**小さな祠**が見え、そこを左に折れると桧林に入る。木の根が張り出した登山道が山頂まで続く。途中大きな岩を巻き、さらに登っていく。右や左に登山道らしきものがあるが、ひたすら直登する。桧林の木立が途切れると、**棒ノ折山**の山頂に出る。

山頂は平坦なところが広く、休憩にもってこい。埼玉県側は展望が開け、左に武甲山《ぶこうさん》、中央に日光《にっこう》連山、右側は埼玉副都心と北関東が見わたせる。また、シンボル的存在のサクラの木があり、春の花、秋の紅葉が登山者をなごませてくれる。展望とサクラを見ながらの昼食は格別なものがある。

帰りは都県境界の尾根を**権次入《ごんじり》峠**まで下り、名栗方面へ進む。急坂には材木で土留めされた階段がつくられているが、土が流れて歩きづらくなっているので注意が必要である。

やがて岩茸石《いわたけいし》が見え、その手前に十字路の**分岐点**がある。左は関東ふれあいの道・水源のみちを通り白谷《しらたに》橋と有間《ありま》ダム経由で名栗《なぐり》登山口へ、直進は滝《たき》ノ平《だいら》尾根経由で河又《かわまた》名栗湖入口バス停へ、ここでは右にとり、湯基入《とうぎり》林道を下りて名栗温泉に出るコースを選択する。

分岐からすぐ急な下りとなり、大きくジグザクする登山道を進む。先の岩茸石分岐点までは登山者が多かったが、このコースを下りる人は少ない。途中、尾根沿いの旧登山道が通行止めとなったため、沢沿いに下りる新しい道を利用する。台風や暴風雨の影響か、

■鉄道・バス
往路＝JR青梅線川井駅から西東京バスで上日向または清東橋へ。上日向から登山口へは徒歩30分。
復路＝名栗川橋から国際興業バスで西武池袋線飯能駅へ。
■マイカー
マイカー利用の場合は登山道入口やキャンプ場周辺に有料駐車場があるが、往復登山となり、埼玉県側の自然は楽しめない。

CHECK POINT

登山道入口。舗装された道路の右側に川に降りる歩道がある

小さな滝であるが涼を感じ、この先の急登への応援歌が聞こえてきそうだ

登山道の旧道は大変痛んでいて、通行止めになっている

権次入峠の分岐には地図もあるので、必ず確認していこう

岩茸石への分岐。岩茸石に行く場合はいったんコースを外れる

沢沿いを下ると林道に出る。これを横切って再び登山道を下っていく

登山道が終わり、ここからはカーブの多い林道をひたすら歩く

釣堀をすぎると、まもなく名栗温泉大松閣(立ち寄り入浴可)が見えてくる

山頂からの大持山(中央奥やや左)。その右は武甲山

湯基入林道へ少し降りたところから見上げた岩茸石

植樹された木が倒れており、注意して通過する。

いったん林道に出て、これを横切って登山道を下る。再び**林道**に出て、そのまま下っていく。2つのヘアピンカーブをすぎると通行止めの柵がある。さらに進むと釣堀があり、その先に**名栗温泉大松**《だいしょう》**閣**《かく》が見えてくる。バス停までは数分なので、温泉で疲れを癒し、バスの時間まで休憩するのもよい。

名栗川の橋を渡ると**名栗川橋バス停**に出る。

(作間和夫)

■登山適期

登山道の凍結時以外は、四季折々季節を楽しむことができるが、山頂にサクラが咲く頃や、そのサクラの紅葉期がおすすめ。

■アドバイス

▽登山計画書は川井駅改札口または青梅警察署・同管内の交番や駐在所にて提出可能である。警察署には郵送も可能。

▽山頂にはトイレがないので、川井駅改札口を出てすぐか、清東橋バス停、登山道入口手前のトイレを使用する。下山時の埼玉県側には名栗川橋バス停そばにトイレがある。

▽山頂のあずまやはスペースが狭いので、その他の場所で休憩できるよう、敷物を持参しておこう。

▽埼玉県の名栗温泉側は道路が一部通行止めになっているが通行には支障がない。通行止めの確認は埼玉県飯能県土整備事務所に問合せを。

■問合せ先

奥多摩町産業観光課☎0428・83・2111、飯能市観光・エコツーリズム課☎042・973・2111、西東京バス氷川車庫☎0428・83・2126、国際興業バス飯能営業所☎042・973・1161、埼玉県飯能県土整備事務所☎042・973・2281

■2万5000分ノ1地形図

武蔵御岳・原市場

＊コース図は60・61ページを参照。

14 交通アクセスのよい奥多摩登山の入門コース

高水三山

たかみずさんざん

759m（高水山）
793m（岩茸石山）
756m（惣岳山）

日帰り

歩行時間＝4時間20分
歩行距離＝9.6km

技術度
体力度

コース定数＝20
標高差＝568m
累積標高差 ↗921m ↘923m

惣岳山付近からの岩茸石山〜高水山（右）の稜線

高水三山は、御岳《みたけ》渓谷の北岸にある惣岳山《そうがくさん》、岩茸石山《いわたけいしやま》、高水山《たかみずさん》の総称である。いずれも標高が800メートルに満たないが、歴史ある寺社や山頂からの展望、新緑や紅葉が登山者の目を楽しませてくれる。

御嶽《みたけ》駅から青梅《おうめ》街道を青梅方向に少し戻ると高水三山の登山口へと導く道標がある。道標にしたがって進み青梅線の踏切を渡ると慈《じ》恩寺《おんじ》があり、境内の左手に惣岳山への登山口がある。はじめは針葉樹林の中の登山道を登っていく。

しばらくすると1本目の送電線の鉄塔が現れ、それをすぎるとやや急な登りとなる。途中**大きな石**を経てさらに登っていき、2本目、ついで3本目の鉄塔を通過すると、やがて「**しめつりのご神木**」と名付けられた枝ぶりが立派な巨木に出会う。その木には結界を示すしめ縄が張ってあり、いかにも信仰の山という雰囲気が感じられる。

さらに進むと祠が現れる。その先はやや急な登りになるが、まもなく青《あお》渭《い》神社の社がある**惣岳山**の山頂に到着する。山頂は樹林の中にあり展望はないが、平坦で休憩には適している。

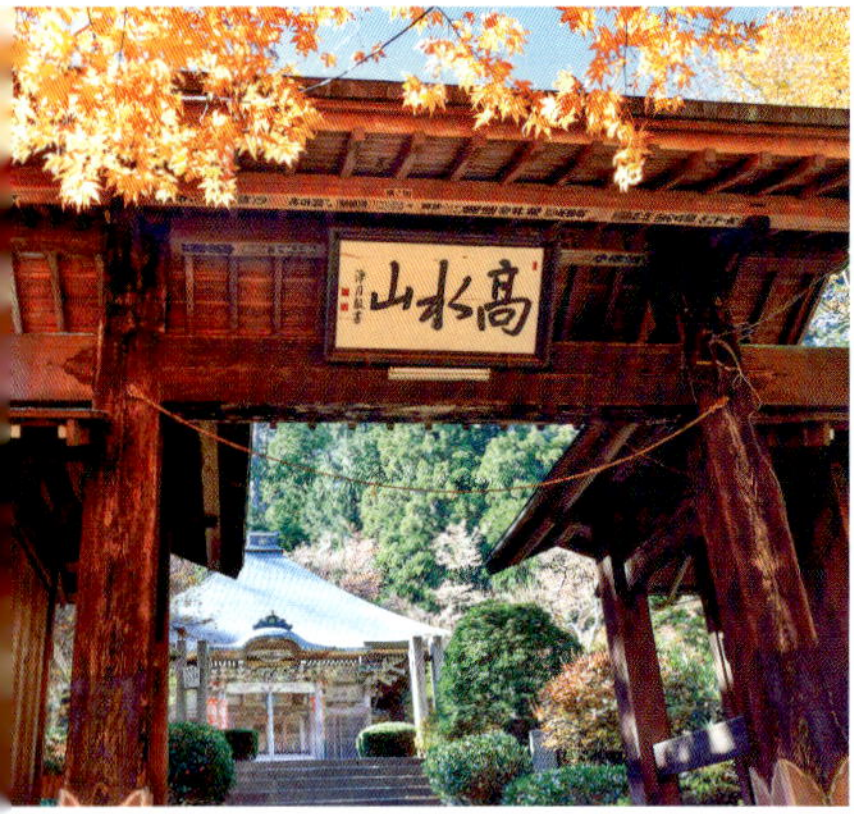

紅葉の高水山常福院

■**鉄道・バス**
往路＝JR青梅線御嶽駅。
復路＝JR青梅線軍畑駅。

■**マイカー**
圏央道日の出ICまたは青梅ICから国道411号などで御嶽駅へ。駅周辺に御岳交流センター有料駐車場（16台）や御岳苑地有料駐車場（53台）などがある。下山後は軍畑駅からJR青梅線で御嶽駅に戻る。

■**登山適期**
通年。4月下旬から5月中旬、御岳渓谷に新緑が芽吹く頃がおすすめ。高水山の紅葉や岩茸石山からの展望を楽しむなら大気が澄む11〜12月が適期。

高水三山最高点・岩茸石山山頂

惣岳山からはすぐ急な岩場の下りとなり、下り終えると西方に赤《あか》杭山《ぐなやま》や川苔山《かわのりやま》を望む展望地、さらに進むと東方にこれから登る高水山が望める場所に出る。**ベンチ**をすぎてしばらくすると急坂が現れ、登りきると**岩茸石山**の山頂だ。山頂からは北から西に棒《ぼう》ノ折山《おれやま》や川苔山、鷹《たか》ノ巣山《すやま》、そして遥かに雲《くも》取山《とりやま》が、振り返ると東方に高水山と東京の街が展望できる。

岩茸石山から高水山へは尾根伝いの樹林の中の道で、眺望は期待できない。最初はやや急な下りでその後平坦になり、高水山山頂手前で急登となる。**高水山**山頂は展望がないが、付近にベンチやあずまや、トイレがある。周囲にはカエデの木々があり、春は新緑、晩秋に紅葉が楽しめる。

高水山からは常福院《じょうふくいん》の山門をくぐり、右手の軍畑《いくさばた》駅方面に向かう。登山道の所々にある分岐には道標が付けられ、道迷いの心配はない。

針葉樹林の道を下り抜けるあたりにベンチがあり、抜けきると**分岐**となる高台に出る。そこから少し下ると沢沿いの登山道に変化する。沢に架かる木橋を2～3回渡り返し、砂防ダムの堰堤が見えるとまもなく**下山口**だ。

この先は平溝《ひらみぞ》川沿いの舗装道を歩いていく。春にはサクラが咲き誇る高源寺《こうげんじ》を経て平溝通りをに南下し、成木《なりき》からの**都道**に合流する。青梅線の高架の手前を右に入り、踏切を渡るとまもなく**軍畑駅**だ。

（鈴木弘之）

■アドバイス

▽軍畑駅からの逆コースは、登山の難易度に差はない。▽登山口から高水山までトイレはない。また、水場がないため水は用意していくこと。惣岳山山頂手前の祠に湧水があるが、飲用には適さない。▽高水山の山頂部にある常福院では、毎年4月上旬に古式獅子舞が披露される。

■問合せ先

奥多摩町産業観光課☎0428・83・2111、青梅市観光協会☎0428・24・2481

■2万5000分ノ1地形図

武蔵御岳

CHECK POINT

1

登山道入口の慈恩寺。境内に入り左手に登山口がある

2

木々の間から射す光にあふれる登山道。登山口からしばらくは針葉樹林を登る

3

しめつりのご神木。2本の巨木が合わさったような形をしている

4

青滑神社が建つ惣岳山山頂。広場になっていて休憩場所として適している

5

惣岳山から岩茸石山への登山道は所々で落葉広葉樹林の中を進む

6

岩茸石山から東方展望。高水山の先には東京都心の高層ビルが遠望できる

7

高水山山頂。展望は利かないが、複数のベンチがあるので休憩していこう

8

高水山からの下山道では、山頂への距離の目安となる一丁石を所々で見かける

9

高源寺の山門。春にはサクラの花が山門を飾る。近くにはトイレがある

10

高源寺から平溝通りを下り、成木からの都道193号に合流。軍畑駅を目指す

＊コース図は60・61ページを参照。

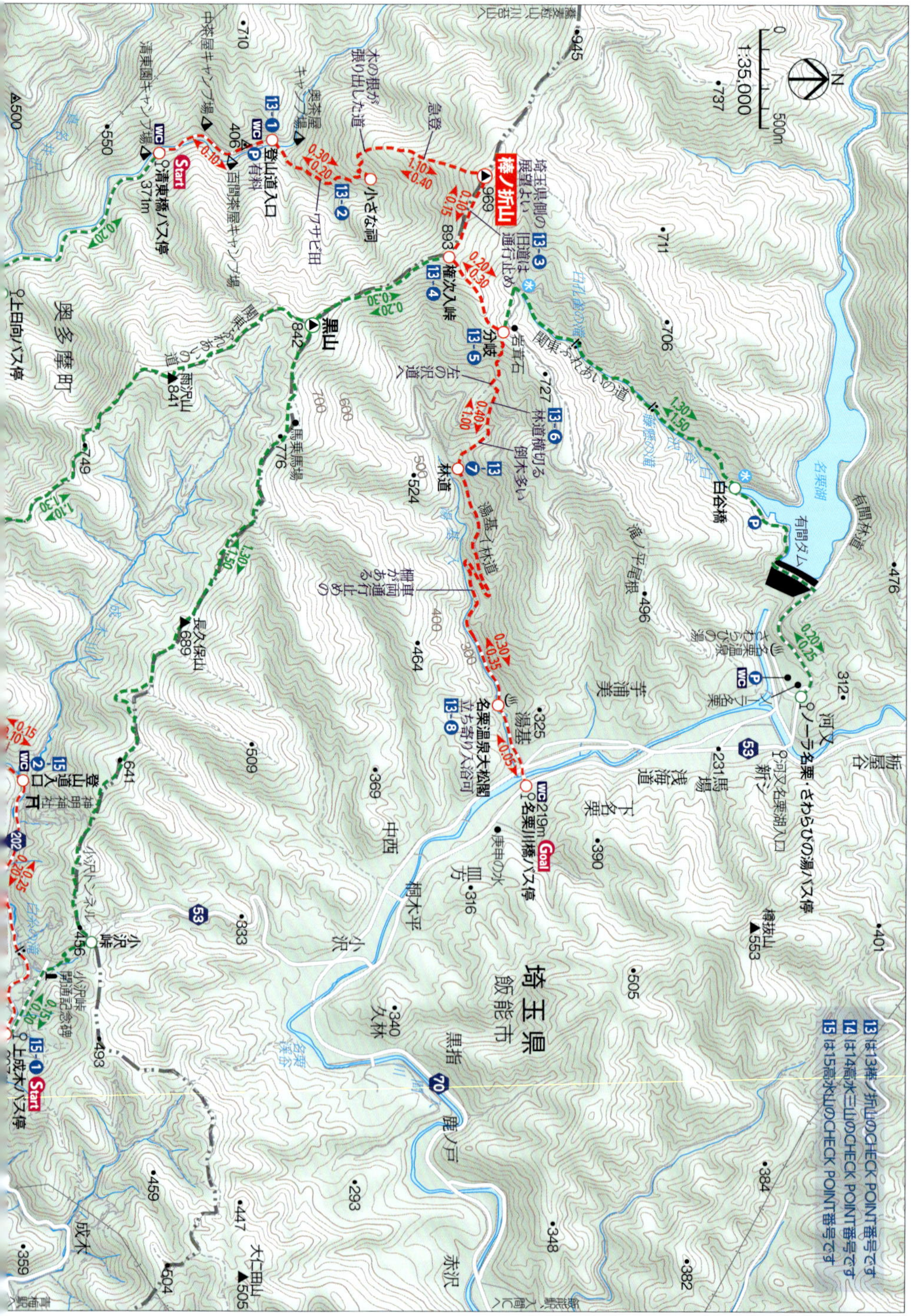

1:35,000
0
500m
N
棒ノ折山
969
埼玉県側の展望よい
13-3
旧道は通行止め
急登
木の根が張り出した道
小さな祠
13-1
登山道入口
有料
13-2
ワサビ田
奥茶屋キャンプ場
中茶屋キャンプ場
清東園キャンプ場
清東橋バス停
371m
Start
西間茶屋キャンプ場
権次入峠
13-4
893
黒山
842
岩茸石
13-5
分岐
左の沢道へ
13-6
林道横切る
倒木多い
13-7
林道
湯基入林道
車両通行止めがある
13-8
名栗温泉大松閣
立ち寄り入浴可
湯基入
名栗川橋バス停
219m
Goal
関東ふれあいの道
白谷沢
白谷橋
名栗湖
有間ダム
有間林道
さわらびの湯
名栗温泉
ノーラ名栗・さわらびの湯バス停
河又
河又名栗湖入口
新ツ
馬場
浅海道
下名栗
棒ノ折山
滝ノ平尾根
芋浦
奥多摩町
上日向バス停
雨沢山
841
馬乗馬場
776
長久保山
689
15-2
登山口
神社
小沢峠
456
小沢トンネル
小沢峠開通記念碑
15-1
上成木バス停
Start
成木
大仁田山
505
埼玉県
飯能市
黒指
久林
小沢
柳木平
皿
庚申の水
中西
鹿ノ戸
赤沢
13は13棒ノ折山のCHECK POINT番号です
14は14高水三山のCHECK POINT番号です
15は15高水山のCHECK POINT番号です

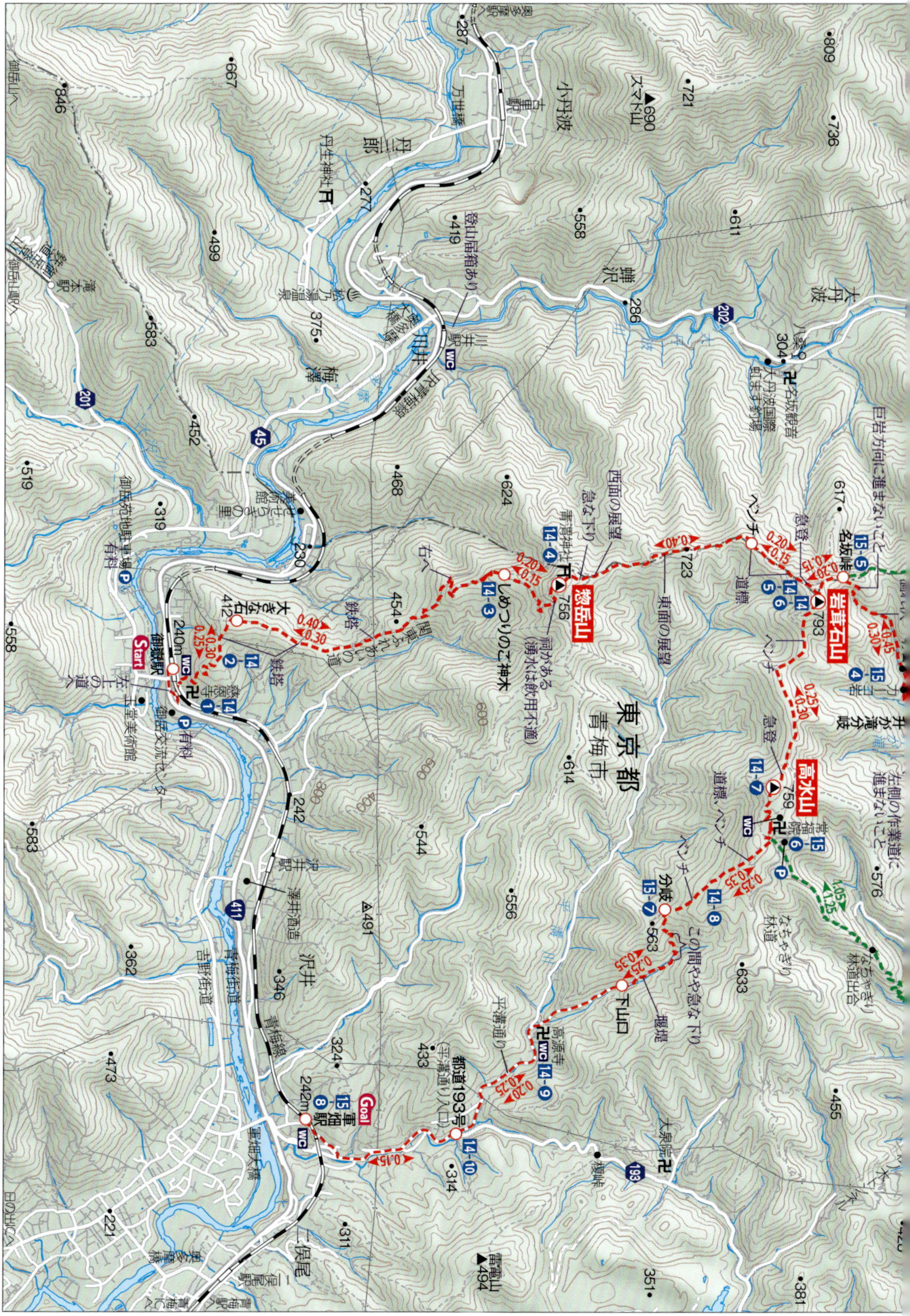
惣岳山
岩茸石山
高水山
名坂峠
御嶽駅
軍畑駅
東京都
青梅市
沢井
梅沢
川井駅
古里駅
丹三郎
小丹波
大丹波
蛇沢
下山口
分岐
常福院
高源寺
都道193号
青梅線
青梅街道
吉野街道
沢井駅
澤乃井酒造
二俣尾
大きな岩
ベンチ
道標
鉄塔
急登
Start
Goal

15 高水山

上成木の里山から滝と奇岩を見て、眺望の山に短時間で立つ

たかみずさん
759m

日帰り

歩行時間＝3時間35分
歩行距離＝8・1km

技術度
体力度

コース定数	＝**16**
標高差	＝568m
累積標高差	709m / 764m

高水山山頂。展望は利かないが、ベンチが数台ある

前項（58ページ）で紹介した奥多摩《おくたま》登山の入門コースとして人気がある高水三山《さんざん》のうち、岩茸石山《いわたけいしやま》と高水山の2山を、北東麓の青梅《おうめ》市上《かみ》成木《なりき》から登る。登路は滝や奇岩の変化あるコースを行く。

青梅駅から上成木行きのバスに乗車し、終点の**上成木バス停**で下車する。4月中旬頃、このあたりではサクラやレンギョウ、ナノハナなど、色とりどりの花が咲き競う美しい里山の光景を堪能できる。

鎌倉時代の武将・畠山重忠由来の切石

バス停から成木川沿いの車道を西方に進む。しばらくすると、岩茸石山・升《ます》が滝方面に向かう分岐（**登山道入口**）に出る。分岐を左手に向かい、浄水場をすぎると沢沿いの登山道に入る。登山道は青梅市のハイキングコースだけに稜線上の名坂《なさか》峠までさほど勾配はきつくなく、これといった危険箇所もない。途中にある升ヶ滝（**分岐**から往復10分）や切石《きりいし》などの奇岩は、単調な登りにアクセントを付けてくれる。

登山道入口から1時間ほどで稜線に出て、岩茸石山方面と棒《ぼう》ノ折《おれ》山《やま》方面との分岐になる**名坂峠**に到着する。この分岐を岩茸石山方面に少し進むとやや急な登りとなる。登り終えると、そこが**岩茸石山**の山頂だ。高水三山最高点の頂からは、北から西にかけて、棒ノ折山や川苔山《かわのりやま》、石《いし》尾根の鷹《たか》ノ巣山《すやま》、遠くに東京都最高峰の雲取山《くもとりやま》が見わたせる。振り返れば、東方には次に向かう高水山と東京の街が展望できる。

岩茸石山からの北西の眺め。正面は川苔山、左奥は雲取山

岩茸石山からの山頂をあとに急斜面を下り、しばらくは樹林の中の緩やかなアップダウンの尾根道を行く。最後に急登をこなすと、ベンチやあずまや、トイレがある**高水山**の山頂に着く。

高水山からは58ページ「高水三山」を参照のこと。

（鈴木弘之）

↑花に彩られたのどかな里山風景が展開する成木集落

←落差20メートル・幅1・2メートル。2段に落ちる升が滝

CHECK POINT

1

上成木バス停。青梅駅からのバスの終点。隣にトイレがある

2

登山道入口。ここにもトイレがある。少し行くと左側に浄水場がある

3

升が滝入口。2段に落ちる滝へは左の道を5分ほど進む

4

奇岩のひとつ・カーコ岩。ほかにも切石やワサビ田跡の石積みが見られる

5

名坂峠。かつて成木と奥多摩の大丹波をつなぐ峠道として往来があったという

6

高水山常福院不動堂。正面に大きな包丁が3本祀られている

7

道標と石柱が立つ地点で左の沢へと下っていく

8

無人駅の軍畑駅。特定日運行のホリデー快速号は停車しない

■鉄道・バス
往路＝JR青梅線青梅駅から都営バスで上成木へ。バスは平日、土・日曜、祝日ともに朝は7時台と10時台の2本のみ。

復路＝JR青梅線軍畑駅。

■マイカー
圏央道青梅ICまたは日の出ICから国道411号などで青梅駅へ。駅周辺のコインパーキングに車を停め、バスで上成木へ。

■登山適期
通年。4月初旬から5月初旬、登山口の里山にサクラをはじめとする花々が咲く頃がベスト。高水山の紅葉や岩茸石山からの展望を楽しむなら、大気が澄む11月から12月がよい。

■アドバイス
▽軍畑駅からの逆コースは、登山の難易度に差はないが、下山口の上成木バス停から青梅駅へのバスが11時台以降、平日、土・日曜・祝日とも夕方までなく不便。待ち時間が長い場合は軍畑駅まで歩く（約1時間）。
▽登山口や途中にトイレは数箇所あるが、水場がないため、水は用意していくこと。

■問合せ先
青梅市観光協会☎0428・24・2481、都営バス青梅支所☎0428・23・0288

■2万5000分ノ1地形図
武蔵御岳

＊コース図は60・61ページを参照。

16

日帰り

御岳山① 御岳山駅～御岳山～二俣尾駅

バスとケーブルで手軽に山頂に立ち、下山は展望の山に立ち寄る

みたけさん
929m

歩行時間＝3時間20分
歩行距離＝10・3km

技術度 1/5
体力度 1/5

コース定数＝16

標高差＝748m

累積標高差 ↗582m ↘1176m

↑紅葉に浮かぶ山上の御師集落と奥の院（右の三角錐）

→日の出山山頂のあずまやと案内板。展望もすばらしい

古くから霊山として崇められてきた御岳山。山岳信仰の興隆とともに関東修験の一大中心地として有力な武士たちの信仰を集め、御《み》嶽権現《たけごんげん》の名で多くの人たちの参拝によって栄えてきた。江戸時代から講《こう》が組織され、山上には御師《おし》の家（一般客も宿泊可）が建ち並び、他の山にない独特の景観がある。

御嶽駅前の吉野《よしの》街道を渡ると左側にバス停がある。ケーブル下まで約10分。バスを降りて急な舗装道路を5分ほど上がるとケーブルカーの滝本《たきもと》駅がある。

ケーブルカー終点の**御岳山駅**の駅舎出口には、女性登山家・故田《た》部《べ》井《い》淳子《じゅんこ》氏の顕彰プレートが2017（平成29）年にできた。広場（御岳平《だいら》）からは、日《ひ》の出山《でやま》や遠く都心の高層ビル街をはじめ房《ぼう》

■鉄道・バス
往路＝JR青梅線御嶽駅から西東京バスでケーブル下へ。5分歩いた滝本駅から御岳登山鉄道（ケーブルカー）で御岳山駅へ。
復路＝JR青梅線二俣尾駅。

■マイカー
圏央道日の出ICから都道45・201号などでケーブル滝本駅駐車場（有料・136台）へ。滝本駅駐車場が満車の場合、400メートル下方にある民間の有料駐車場がオープンする。御嶽駅周辺にも有料駐車場がある。

■登山適期
通年。御嶽神社では4月にはヤマザクラ、6月はアジサイが楽しめる。紅葉は11月上旬～中旬。

■アドバイス
▽バスとケーブルカーを乗り継いで楽に上がれるので、御嶽神社にお参り気分で出かけるのもよい。日の出山までは「関東ふれあいの道」でありとても歩きやすい。その先はつるつる温泉に下山するハイカーが多いため（78ページ「日の出山」参照）、静かな山旅が味わえる。
▽早めに着いて時間に余裕があれば、ケーブルカー御岳山駅前の御岳平広場からリフト（片道100円）を利用して富士峰園地へ足をのばし、都心まで見わたせるすばらしい展望を楽しもう。富士峰園地では早春にはロウバイとカタクリ、夏にはレンゲ

秋の武蔵御嶽神社・参拝殿。奥の山は日の出山

日の出山山頂からの麻生山

総《そう》半島、筑波山《つくばさん》などが見わたせる。

駅舎前に戻って右側を進み、鳥居をくぐると御師集落が見えてくる。時間があれば右側にある御岳ビジターセンターに立ち寄り、その季節の自然や登山情報を入手していけばより登山が楽しめる。

武蔵《むさし》御嶽神社に参拝するには、御師集落を歩いて**神代《じんだい》ケヤキ**まで上がり、右に曲がって参道の商店街を抜けると鳥居前広場に出る。手水舎《ちょうずや》で清めてから参道を登ると御岳山山頂の**武蔵御嶽神社**に着く。東側には次に向かう日の出山がよく見える。

来た道を下って参道の商店街まで戻ったら、突き当たりの道標を確認して日の出山方面へ。東に向けて道なりに下り、山楽荘《さんらく》をすぎると山道になる。木々の中を行く快適な尾根道だ。30分ほどで**鳥居**に到着する。

緩やかな道から階段を上がると東雲《しののめ》山荘で、トイレもある。そこから100$_{\text{メートル}}$ほどで**日の出山**の山頂に着く。あずまやがある山頂からは、これから向かう三室山《みつむろやま》をはじめ関東平野が見わたせる。振り返れば御岳山の宿坊や奥多摩《おくたま》の山々が、木々の間から見える。

眺望を堪能したら、そのまま東

＊コース図は67ページを参照。

ショウマ、秋には紅葉と、季節ごとに花や木々の美しさを楽しめる。
▽御岳山の御師集落は、宿坊として泊まることができる（要予約）。集落には39世帯130人が暮らし（2018年時点）、30代以上続く家もある。

■問合せ先
奥多摩町産業観光課☎0428・83・2111、青梅市商工観光課☎0428・22・1111、御岳ビジターセンター☎0428・78・9363、西東京バス氷川車庫☎0428・83・2126、御岳登山鉄道☎0428・78・8121

■2万5000分ノ1地形図
武蔵御岳

御岳山駅から日の出山方面の展望

愛宕神社への下りからの青梅市街

に向かって三室山を目指す。急な下りは最初だけで、快適な尾根道となる。30分ほど歩くと道標と**ベンチ**がある。杉林の中で景観はないがひと休みできる。休憩後は電波塔の右側を進み、舗装道路に出るとその先が梅《うめ》ノ木《き》峠だ。開けた南側からは山々がよく見える。再び山道に入り、送電線の下を通過して飛龍《ひりゅう》墜落地板を経て登り返すと**三室山**に到着する。山頂の東側が開け、都心が遠望できる。二俣尾《ふたまたお》駅へは道標にしたがい北側へ下る。20分ほどで愛宕《あたご》山奥《さんおく》**の院**《いん》に着く。この先は山内《さんない》新四国八十八札所の石碑が道なりに続く、急な坂道を30分ほど下っていく。**愛宕神社**に出て石段を降り、道なりに行けば吉野街道に出る。左に100メートルほど進み、奥多摩橋南交差点を右へ。橋の左側の歩道を進み、道なりに上がっていくと**二俣尾駅**に着く。

（菊地弘幸）

CHECK POINT

1

御岳山駅。女性初のエベレスト登頂した故田部井淳子氏の顕彰プレートがある

2

2016年に修復を終えた武蔵御嶽神社・参拝殿へと続く石段

3

武蔵御嶽神社と書かれた鳥居の前に、丸太のベンチがある

4

日の出山山頂直下の紅葉。紅葉の見ごろは年にもよるが11月上旬～中旬

5

日の出山山頂。振り返ると鷹ノ巣山と御師集落がよく見える

6

針葉樹林の斜面に、太陽の日が差しこむ

7

高峰山の巻道にあるベンチと道標

8

電波塔が見えたら、梅ノ木峠は近い

9

梅ノ木峠をすぎると再び山道に入る

10

送電線の下からは南面が開け、奥多摩の山々の奥深さを感じる

11

三室山山頂は東面が開けており、都心の街並みが遠望できる

12

愛宕山奥の院。この先は急坂の下りが待っているのでひと休みしていこう

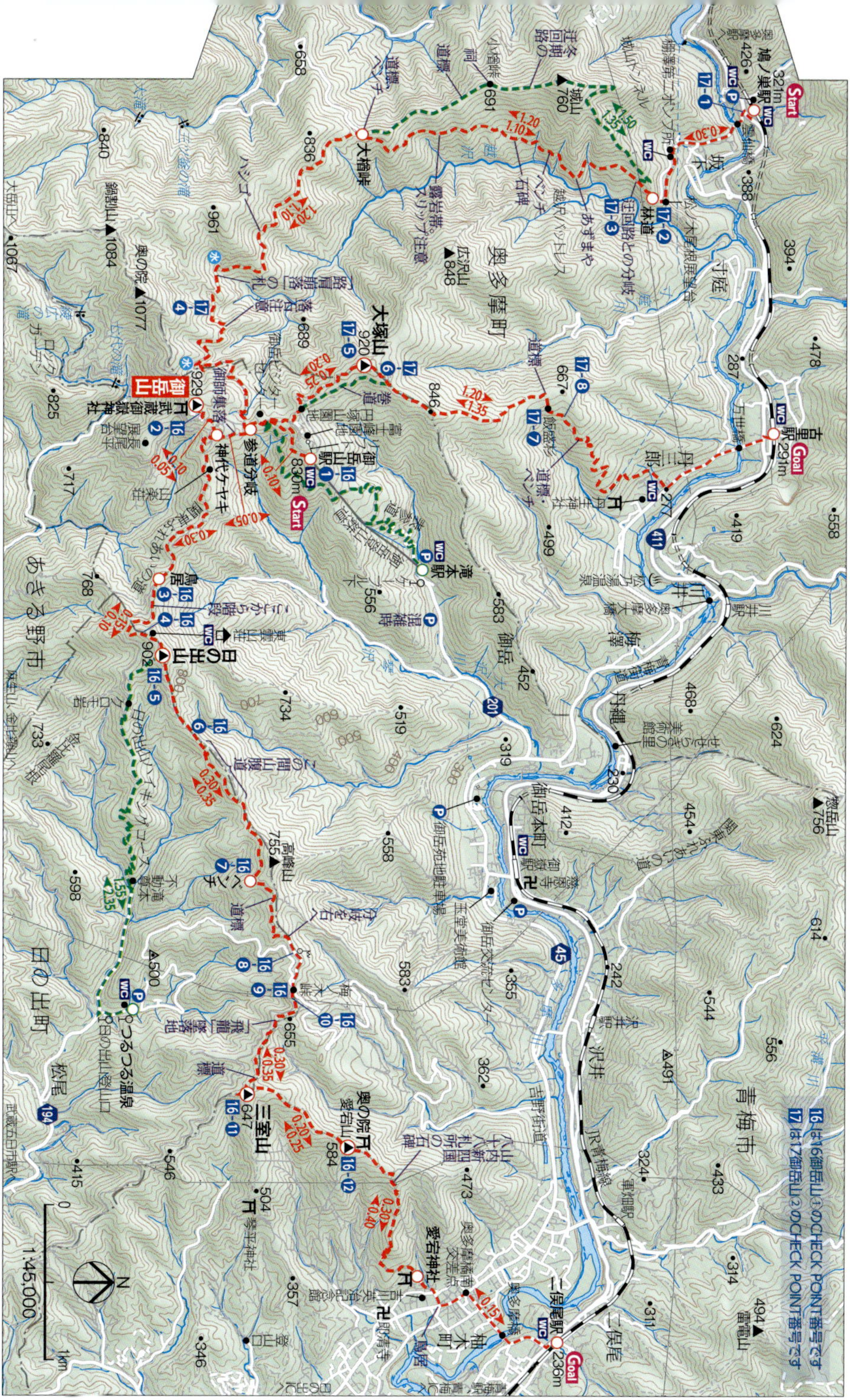

鳩ノ巣駅
321m
古里駅
291m
御岳山駅
830m
二俣尾駅
236m
御岳山
大塚山
日の出山
高峰山
三室山
愛宕山
奥多摩町
青梅市
あきる野市
日の出町
1:45,000
16は16御岳山①のCHECK POINT番号です
17は17御岳山②のCHECK POINT番号です

17

御岳山②

鳩ノ巣駅～御岳山～古里駅

登り下りとも静かな山道を歩き、山上集落や参道・景観を享受

みたけさん 929m

日帰り

歩行時間＝5時間20分
歩行距離＝12.7km

技術度

体力度

コース定数＝27

標高差＝656m

累積標高差 1282m 1312m

テーブルやベンチのある円塚山園地。左奥は奥の院

越沢バットレスのクライマー

鳩ノ巣渓谷を望む雲仙橋

御岳山へは前項（64ページ）のようにケーブル利用の登山者が圧倒的に多いが、昔の人々と同様、文明の利器に頼らずに自分の足で登ってみるのもいい。今回はJR青梅《おうめ》線鳩《はと》ノ巣《す》駅から山頂に立ち、同線の古里《こり》駅に下るコースを紹介する。

鳩ノ巣駅の左側の道を下って青梅街道を渡り、奥多摩《おくたま》方面（西へ）に約30メートル進むと、民宿看板と御岳山登山の道標がある。そこを左に曲がり、坂を下って雲仙《うんぜん》橋を渡る。その先、緩やかに坂下《さかした》集落の中を登っていくと、東京都水道局棚澤《たなさわ》第二ポンプ所がある。左に曲ると公衆トイレがあるので身支度を整えて山道に入っていく。

ほどなく本仁田山《ほにたやま》方面を望む松《まつ》ノ木《き》尾根展望台に着く。50メートルほど進むと**林道**に出て、そこから約5分歩くと、右側に冬期迂回路用の階段がある。そのまま林道の終点まで進むと山道に入るところにあずまやがあり、越沢《こいざわ》バットレスを登るクライマーの姿を見ることができるだろう。

さらに行くと屋根つきのベンチが現れ、その先の民家のあたりから、道は右に上がるように続く。建物跡や足もとの石碑を見ながら樹林帯を進む。途中の露岩帯に設置されたスリップ防止柵では、体重をかけないように注意して歩く。**大楢《おおなら》峠**の名前の由来となったナラの巨木は倒れてしまったが、ベンチがあり小休止に適している。

ひと休みしたら御岳山の御師《おし》集落まで、山腹の緩やかな道を進んでいく。崩れた斜面に架けられたハシゴを慎重に渡る。右側に大きな岩が現れるとその先に水の流れている場所が数箇所続く。新緑・紅葉ともに美しい道で、気分よく歩ける。コンクリートの道になると御師集落が見えはじめ、御嶽《みたけ》神社参道への道（**参道分岐**）に突き当たる。この先の**武蔵《むさし》御嶽神社**参拝は、前項（64ページ）を参照のこと。

参道分岐まで戻り、大塚山《おおつかやま》へは御岳ビジターセンターの横を通り、二股を左に行く。ほどなく円塚山《まるつかやま》園地で、南西側が開けており、奥《おく》ノ院《いん》が正面に見える。左の道を緩やかに登ると**大塚山**山頂に着く。山頂奥には電波塔が立っている。山頂は木々に覆われ展望がよくないので、時間に余裕がないときなどは

＊2023年5月現在、鳩ノ巣駅～大楢峠～参道分岐間が崩落のため通行止め。詳細は奥多摩ビジターセンターのホームページを参照。

CHECK POINT

1 青梅街道沿いにある民宿看板を左に曲がり、坂を下る

2 松ノ木尾根展望台。北面の本仁田山方面がよく見える

3 冬期は林道工事のため、右側の階段から迂回路に入り城山経由で大楢峠にいたる（通常は正面の道へ）

4 右斜面が崩れているが、しっかりとしたハシゴが架かっている

5 大塚山山頂。木々に覆われており展望はよくない

6 大塚山北側の屋根付き休憩所。山頂の混雑時や天気の悪い時に利用価値が高い

7 古来より地域住民により愛されてきた飯盛杉。現在の木は2代目

8 林道に出たら、すぐに右側の登山道を下る

↑大楢峠。樹林に囲まれた落ち着いた峠だ

←大楢峠〜御師集落間は苔むす岩と清流が見られる

円塚山園地内の分岐を右に進み、巻道をたどってもよい。

古里駅へはこの先を下っていく。やや暗い杉林に入ると、樹齢百数十年にもなる飯盛《めしもり》杉がある。さらに下って途中で林道と交差すると、古里駅まではもう1時間もかからない。道標とベンチのところを左に折れて急坂を下るとイノシシ除けの網が右に見えはじめ、丹三郎《たんざぶろう》集落内の公衆トイレに着く。ここからまっすぐ下ると吉野街道に出て、左に進む。

道なりに進み、万世《まんせい》橋を渡って交差点の横断歩道を渡れば**古里駅**に着く。

（菊地弘幸）

■鉄道・バス
往路＝JR青梅線鳩ノ巣駅。
復路＝JR青梅線古里駅。

■マイカー
国道411号の鳩ノ巣駅西交差点を右折し、青梅線のガード下を抜けると観光客用の公営駐車場がある。

■登山適期
64ﾍﾟｰｼﾞ「御岳山①」を参照。

■アドバイス
▽冬期（10〜3月）は越沢林道工事に伴い、本項で紹介する大楢峠への登山道が通行止めとなる。迂回路は、林道の途中（松ノ木尾根展望台から約200ﾒｰﾄﾙの地点から右側の階段に取り付く）から城山〜小楢峠〜大楢峠となる。通常より30分ほど時間が余計にかかり、城山を越えるために体力も消費することを考慮して計画を立てたい。迂回路については奥多摩ビジターセンターに問合せる。

■問合せ先
奥多摩町産業観光課☎0428・83・2111、奥多摩ビジターセンター☎0428・83・2037

■2万5000分ノ1地形図
武蔵御岳

＊コース図は67ﾍﾟｰｼﾞを参照。

大岳山山頂から湯久保尾根、浅間尾根、笹尾根越しに富士山を望む

18

日帰り

大岳山①

御岳山駅～大岳山～上養沢

おおだけさん 1266m

山頂から富士山と奥多摩の山々を一望。美しい沢と滝に癒される

歩行時間＝5時間25分
歩行距離＝10・8km

技術度 ★★☆☆☆
体力度 ★☆☆☆☆

コース定数＝22
標高差＝920m
累積標高差 ↗810m ↘1282m

境内に大トチノキがある養澤神社

大岳山は奥多摩《おくたま》山地の最東部に位置し、東京都で唯一日本二百名山に数えられるとともに、花の百名山にも名を連ねる名山である。登山口にアクセスしやすく、数多くの登山ルートや近くにユニークな岩が連なるロックガーデンなどがあり、季節を問わず多様なハイキングを楽しむことができる。ここでは、登りはケーブルカーで標高を稼ぎ、下りでは美しい渓流をたどるコースを紹介する。

御岳山《みたけさん》ケーブルを**御岳山駅**で降り、身支度を整えたら舗装された参道を**武蔵御嶽《みたけ》神社**の方へ進む。時間に余裕があれば神社に参拝して行くのもよい。長い石段を登って本殿に参拝すると、裏手からはこれから向かう奥《おく》の院《いん》の特徴的な山頂が見える。

元の道に戻り、長尾平《ながおだいら》から数分の**天狗《てんぐ》の腰掛杉《こしかけすぎ》**から右の登山道に入って、奥の院へのやや険しい山道を登っていく。5月なら**奥の院**の山頂付近では、ミツ

■鉄道・バス
往路＝JR青梅線御嶽駅から西東京バスでケーブル下へ。そばの滝本駅から御岳登山鉄道（ケーブルカー）で御岳山駅へ。
復路＝大岳鍾乳洞入口から西東京バスでJR五日市線武蔵五日市駅へ。

■マイカー
圏央道日の出ICから都道、国道411号などで御嶽駅へ。駅の近くや対岸の都道45号沿い、およびケーブルカー駅近くに有料の駐車場があり、ケーブルカー利用でピストンの場合は便利。

■登山適期
新緑が美しくツツジの花が咲く5～6月、大岳沢の渓流沿いが紅葉に染まる10月から11月がとくによい。

■アドバイス
▽大岳山までは全般に整備された歩きやすい道だが、山頂付近の岩場は狭いので、混雑時にはゆずりあって慎重に通過したい。
▽大滝への下りは所々急な部分もあるので、しっかりとした登山靴を着用し注意して歩く必要がある。
▽山頂からの富士山をきれいに見るためには、太陽が南へ回りこむ前の午前中に到着するようにしたい。春や夏より空気の澄んだ冬期が適期。
▽下山後、帰りのバスの運行本数が少ないので事前に時刻を調べること。

■問合せ先

奥の院のシロヤシロは5月初旬から中旬が見ごろ

バツツジやシロヤシオが目を楽しませてくれるだろう。少し急な奥の院からの下りから**鍋割山《なべわりやま》**へ登り返し、さらに**芥場《あくば》峠**へ下りて長尾平からの道と合流して大岳山へ向かう。

岩場のトラバースを慎重に越えて少し歩くと休業中の**大岳山荘**に着く。トイレのある展望所からは富士山《ふじさん》を眺められる。ここで少し休んだら、いよいよ大岳山の山頂

大岳沢に懸かる落差30メートルの大滝

を目指す。途中の岩場を慎重に通過し、大岳山荘から30分ほど登ると展望が開け、多くの登山者でにぎわう**大岳山**山頂に着く。

山頂からは、晴れていれば南西方向に富士山や南アルプスの峰々を望むことができ、また御前山《ごぜんやま》など周囲の山々の展望も楽しめる。平らな山頂に腰を下ろし、景色を楽しみながらゆっくりと昼食をとりたいところだ。

帰りは東面の上養沢《かみようざわ》方面へ下りる。いったん**大岳山荘**前まで戻り、ここから馬頭刈《まずかり》尾根方面へ進む。谷の斜面のトラバースした道を少し進み、右から大岳山頂を迂回してきた鋸山方面からの道と合わせ、左の馬頭刈山方面へ進む。草むらの中の細道を進んで15分ほどの**白倉《しらくら》方面への分岐**を直進し、さらに数分で**大滝《おおたき》方面への分岐**が現れるのでこれを左に下りていく。

ほどなく勾配が強くなり、大岳沢と出合って交差しながら歩くようになるが、ここからがこのルートのハイライト。午後の光が沢筋に美しく反射し、岩を覆う苔や草花をスポットライトのように照らす。所々小さな滝が現れたり、階段状に流れ下ったりと、沢の景色の変化も面白く、歩くのが楽しい。

1時間あまり下ると**大滝**に着く。大滝は途中の「垂《た》る」も含めると3段に分かれていて、写真のよい題材になるが、近くにあまり広い足場はないので、注意して撮影しよう。

大滝をあとに数分歩くと登山道が終わり、車の通れる林道に出る。途中に大岳鍾乳洞などのレクリエーション施設を見ながら30分ほど林道を下ると**大岳鍾乳洞入口バス停**に到着する。

ここからバスで武蔵五日市《むさしいつかいち》駅へ出ることができるが、バスの本数は少ないので、事前に調べておきたい。

（宮川　正）

奥多摩町観光産業課☎0428・83・2111、あきる野市観光まちづくり推進課☎042・558・1111、御岳ビジターセンター☎0428・78・9363、西東京バス氷川車庫☎0428・83・2126、御岳登山鉄道☎0428・78・8121

■2万5000分ノ1地形図
武蔵御岳

＊コース図は76・77ページを参照。

新緑とヤマザクラに映える春の大岳山(浅間嶺から)

CHECK POINT

1

御岳山駅でケーブルを降りたら準備をして出発する

2

武蔵御嶽神社入口。神社に立ち寄りお参りしていくのもよい

3

天狗の腰掛杉の右側から奥の院への道に進む

4

小さな祠と道標がある奥の院山頂。ここから鍋割山を経て芥場峠へ

5

芥場峠で長尾平方面からの道と合流する

6

芥場峠～大岳山荘間のクサリのある岩場のトラバース道

7

大岳山荘跡付近にはトイレや展望できる場所がある

8

大岳山荘から鋸山との分岐間はトラバース気味の細い道をたどる

9

大滝への分岐を左へ下っていく

10

大滝へ下る道は最初は広々して緩やかだが、やがて細く急になる

11

大滝をすぎ、木橋を渡ると登山道が終わり林道歩きとなる

12

時間があれば大岳鍾乳洞を見学するのも楽しい(600円)

19

美林とスリルの尾根で大展望の頂に立ち、帰りは情緒ある集落へ

大岳山②

おおだけさん 1266m

奥多摩駅～大岳山～白倉

日帰り

歩行時間＝6時間15分
歩行距離＝10・6km

技術度 体力度

コース定数＝27

標高差＝961m

累積標高差 ↗1235m ↘1269m

愛宕神社へと続く長い石段

ケーブルカーでいっきに標高820メートルまで上がれる御岳山《みたけさん》側の登山口（70ページ「大岳山①」参照）と異なり、奥多摩《おくたま》駅からのルートは長くクサリもある鋸《のこぎり》尾根を詰めて頂上に向かう。下山は8割方尾根沿いの急下降の道で、情緒ある白倉《しらくら》の集落へ向かう。

奥多摩駅前で支度をすませたら、駅前の道路を左に向かい出発する。昭和《しょうわ》橋で多摩川を渡ると、すぐに進行方向右側に大きな周辺案内図があり、その奥の石段が登山道の入口になっている。

登山道をしばらく歩くと長く急な石段が現れ、これを登っていくと五重塔のある愛宕《あたご》神社の境内に出る。さらに歩いて現れる鳥居をくぐって出たところが**登計《とけ》峠**で、舗装された道をわずかに進み、右側の石の階段で登山道に戻る。ここからは、林の中の本格的な登山道になる。

30分ほど行くと天聖《てんせい》神社のある小ピークに出るが、ここは小規模な岩場やクサリ場、ハシゴが続く。ここを慎重に越えてさらに数分進むと**クサリ場**経由の道と巻道との分岐の標識があるが、どちらを進んでも2、3分後に合流する。クサリ場を行く場合は充分に気をつけて登ること。

ここからはしばらくスギやヒノキの林の中を緩やかに登っていく。展望はないが、美しい林の姿を楽しもう。クサリ場から45分ほどの場所に**1046メートルの三角点標識**があり、このあたりでようやく勾配が緩む。

御前山への道を右に分けたあと、やや急な登りをこなすと**鋸山《やま》**の頂上に着く。山頂は展望こそないが3、4基のベンチがあり、おやつや食事をとってここまでの登りの疲れを癒すのによい場所だ。

息を整えたら大岳山へ向かう。出発してまもなくは急な下りだが、御前山《ごぜんやま》方面への分岐標識をすぎると勾配が緩くなり、道幅も広がって気持ちのよい尾根道となる。両側に高い木が連なって展望はないが、広葉樹なので11月にはみごとな紅葉を楽しめる。

やがて木々の間から大岳山の姿

鋸尾根のクサリ場。巻道もある

大岳山の紅葉

大岳山山頂からの御前山と奥多摩の山並み

スギやヒノキの美しい林につけられた鋸尾根の道

が時おり見られるようになり、鋸山を出てから1時間ほどで**大岳山方面と馬頭刈《まずかり》尾根方面の分岐標識**に出合う。ここから岩の多い斜面を登って25分ほどで**大岳山**の広い山頂に出る。晴れた日は人がいっぱいだが、場所を見つけて腰を下ろそう。大きな富士《ふじ》山《さん》だけでなく、丹沢《たんざわ》山塊や周辺の奥多摩の山並み、奥秩父《おくちちぶ》の山々などを数えていくのも楽しい。

充分休憩をとったら腰を上げて復路に着く。来た道とは反対方向に下り、**大岳山荘**前から馬頭刈尾根方面に向かう。

トラバースの道をすぎ、鋸山方面からの迂回路と合流する。草を分ける細い道を15分ほど進むと**白倉へ分岐**する道が出てくるので、右へ下る。最初のうちは杉林の中につけられた道幅の狭い急な下りなので、小石などに足をとられないよう、気をつけて歩こう。

30分ほど下るとやっと勾配が緩み、歩きやすくなる。さらに30分ほど歩くと舗装された**林道**が出てくるが、これを横切って白倉バス停の標識の指すほうへ石段を降りていく。10分ほどで人家がちらほら見えてきて、バス停の方向を示す標識に順次したがって歩くと、やがて武蔵五日市《むさしいつかいち》駅行きのバス便がある**白倉バス停**に到着するが、バスの本数は少ないので事前に調べておこう。

（宮川 正）

下山口の白倉集落。バス停はすぐ先だ

写真協力＝青木貴子

登山者でにぎわう大岳山山頂

鋸山山頂。樹林に囲まれた静かなピーク

CHECK POINT

奥多摩駅前には登山届の提出場所もある

案内図をもう一度確認してから登山口へ

登計峠で車道に出る。左の道へと進む

❸からすぐに道路右側の石段を上がって登山道へ

クサリ場への分岐。岩場が苦手な人は左の巻道をとろう

1046メートル三角点標柱（天地山三角点）。昔はここも天地山とされていたという

御前山への分岐標識。鋸山の山頂を挟んで2箇所ある

大岳山と馬頭刈尾根方面との分岐標識。案内にしたがい左に進む

馬頭刈尾根上の白倉への分岐を右へ下りる

しばらくは曲がりくねった急な坂道なので、注意して歩く

林道を横切ってバス停方面へ階段を下りる

白倉バス停。武蔵五日市駅へのバスは1時間半〜2時間に1便

■鉄道・バス
往路＝JR青梅線奥多摩駅。
復路＝白倉から西東京バスでJR五日市線武蔵五日市駅へ。

■マイカー
圏央道日の出ICから都道、国道411号などで奥多摩町役場へ。役場に約20台分の有料駐車場がある。営業時間・料金などはその都度確認が必要。武蔵五日市駅周辺にも数箇所の有料駐車場がある。

■登山適期
新緑とツツジの春から初夏、紅葉が美しく空気も澄んできて遠望の利く晩秋から初冬が楽しい。

■アドバイス
▽比較的歩行時間が長く、下山地点からのバスの本数も少ないので、とくに秋から冬の登山では早出を心がけたい。
▽マイカーの場合は奥多摩駅や御嶽駅の周辺に車を停めて、大岳山からは御岳方面へ下山し、鉄道利用で車を回収する方法も考えられる。

■問合せ先
奥多摩町観光産業課☎0428・83・2111、檜原村産業環境課☎042・598・1011、奥多摩ビジターセンター☎0428・83・2037、西東京バス五日市営業所☎042・596・1611

■2万5000分ノ1地形図
奥多摩湖・武蔵御岳・五日市

＊コース図は76・77ページを参照。

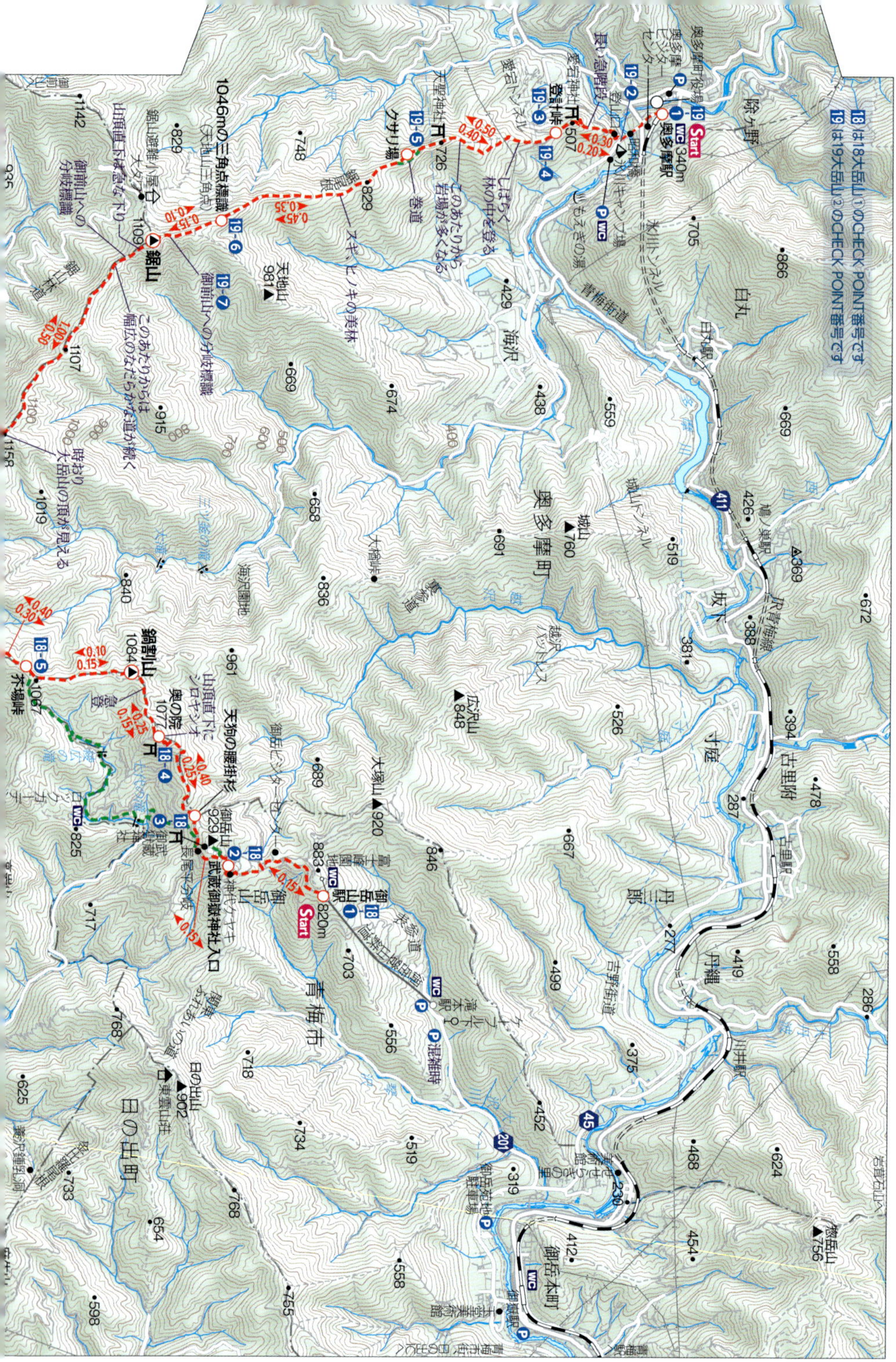

18は18大岳山①のCHECK POINT番号です
19は19大岳山②のCHECK POINT番号です
Start
奥多摩駅 340m
奥多摩町役場
奥多摩ビジターセンター
愛宕神社
長い急階段
登計峠
クサリ場
しばらく林の中を登る
このあたりから岩場が多くなる
天聖神社
1046mの三角点標識（天地山三角点）
鋸山
1109
御前山への分岐標識
スギ・ヒノキの美林
天地山 981
このあたりからは幅広のなだらかな道が続く
時おり大岳山の頂が見える
もえぎの湯
氷川キャンプ場
白丸
海沢
奥多摩町
城山 760
鳩ノ巣駅
古里駅
川井駅
御嶽駅
鍋割山 1084
奥の院 1077
天狗の腰掛杉
芥場峠
御岳山 929
武蔵御嶽神社入口
御岳山駅 820m
大塚山 920
滝本駅
青梅市
日の出山 902
日の出町
御岳本町
惣岳山 756

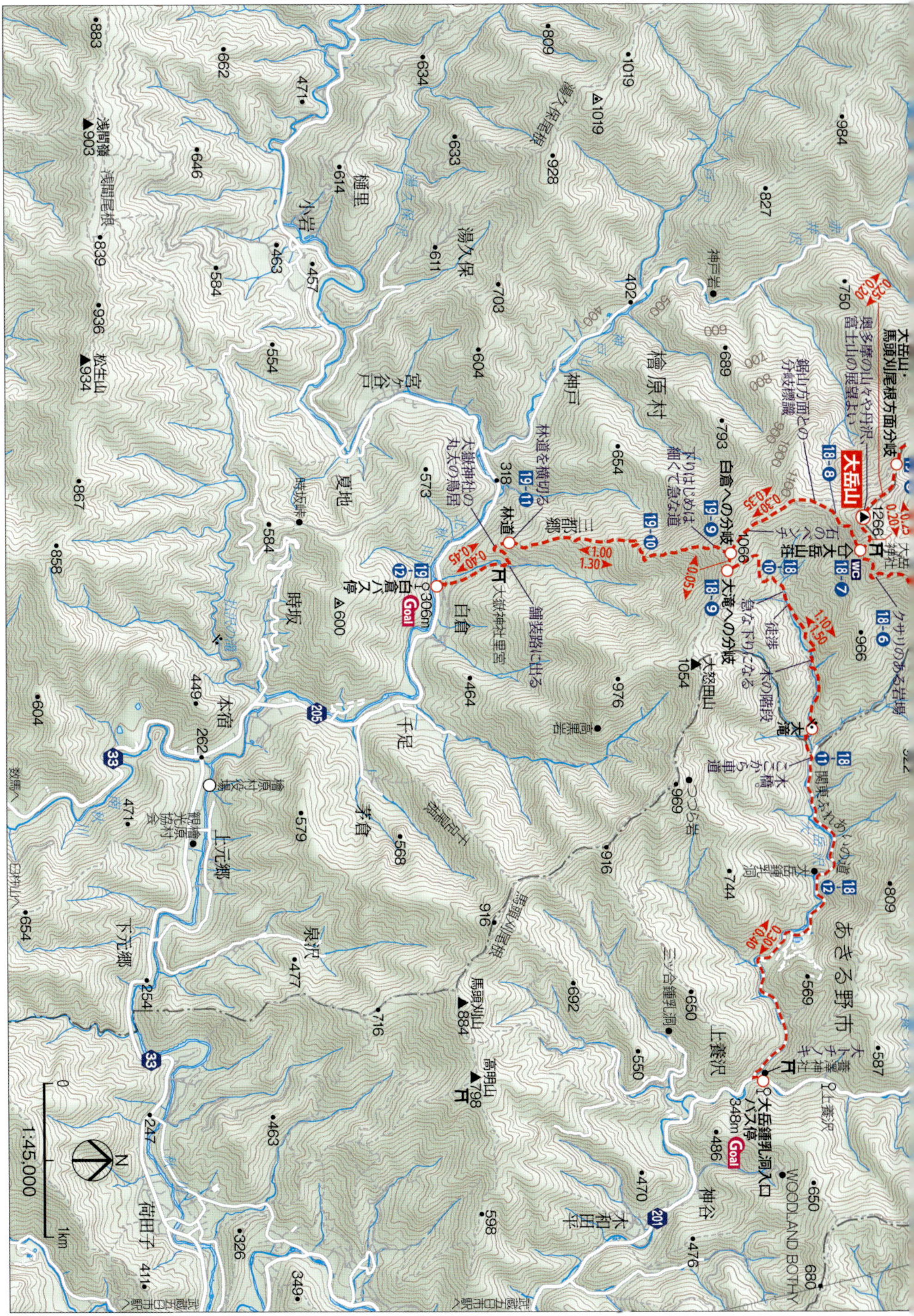

大岳山
大岳山・馬頭刈尾根方面分岐
奥多摩の山々や丹沢、富士山の展望よい
鋸山方面との分岐標識
大岳山荘
大岳神社
白倉への分岐
下りはじめは細くて急な道
大滝への分岐
林道を横切る
大嶽神社の丸太の鳥居
林道
舗装路に出る
大嶽神社里宮
白倉バス停 306m
Goal
檜原村
あきる野市
大滝
木の階段
急な下りになる
大岳鍾乳洞入口バス停 348m
Goal
馬頭刈山
馬頭刈尾根
WOODLAND BOTHY
1:45,000

20 日の出山

ひのでやま
902m

神社に展望、温泉など、多彩な魅力のある贅沢なコース

日帰り

歩行時間＝4時間20分
歩行距離＝10・0㎞

技術度 ■□□□□
体力度 ■□□□□

コース定数＝20
標高差＝697m
累積標高差 ↗878m ↘718m

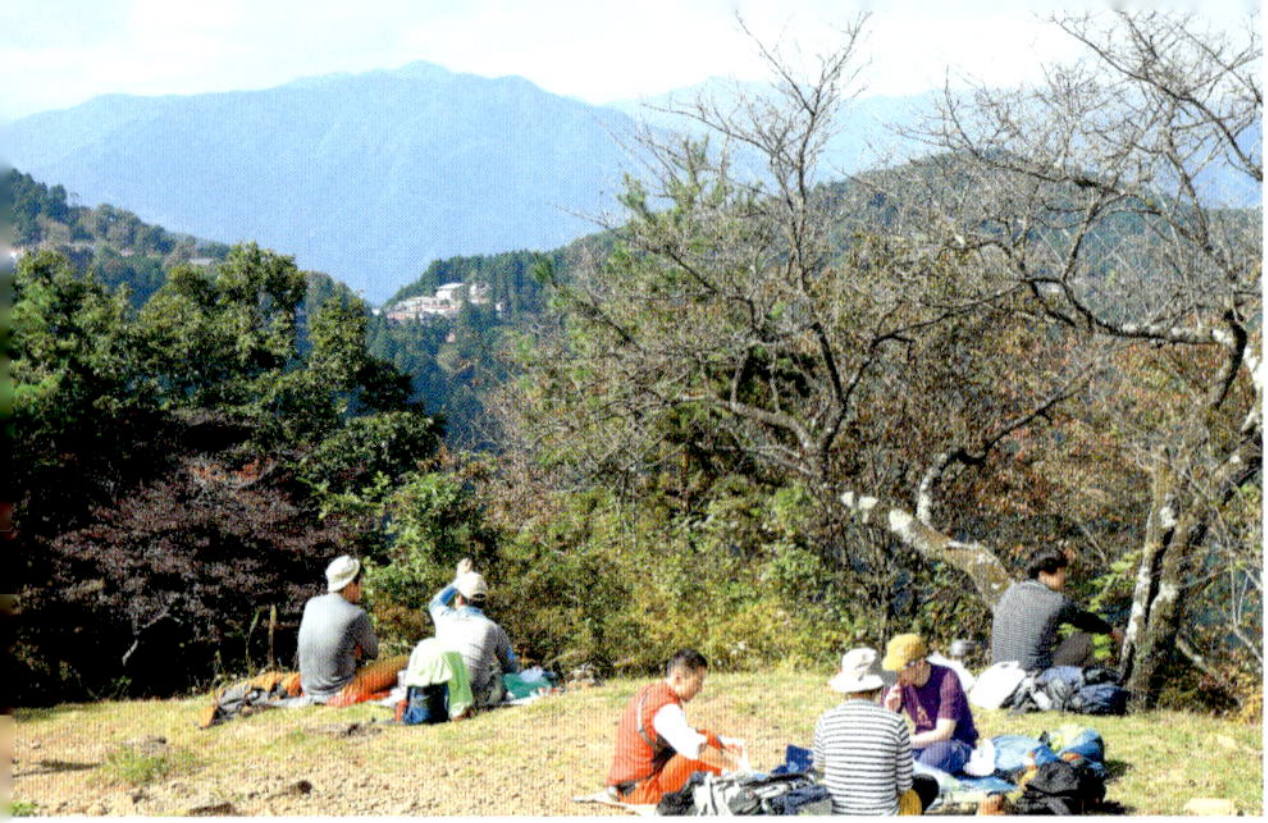
日の出山山頂からの御岳山の御師集落と鷹ノ巣山方面

御岳山《みたけさん》から歩かれることが多い日の出山だが、ここでは梅の郷・吉野《よしの》から山頂に立ち、つるつる温泉に下るコースを紹介する。商売繁盛祈願の琴平《ことひら》神社や山頂からの大展望を楽しみ、下山後は温泉で疲れをいやす、贅沢な山旅だ。

←日本武尊伝説の顎掛岩。傍らに馬頭観世音がある

↑琴平神社

日向和田駅《ひなたわだ》で下車する。地図でコースを確認して神代橋《じんだい》を渡り、梅林山天澤院《ばいりんざんてんたくいん》を目指す。その先の梅《うめ》の公園をすぎると鳥居のある**登山口**に着く。鳥居をくぐり、ゴルフ場脇の急登を行く。しばらく登ると梅郷八幡《ばいごうはちまん》神社からの道と合流し、琴平神社分岐に着く。**琴平神社**まで足をのばしてみよう。

祠の裏にある道を登り、東側の展望のよい**三室山**《みつむろやま》へ。山頂から日の出山方面に数分歩くと二俣尾《ふたまたお》駅からの登山道に合流し、ここからほぼ水平な尾根道となる。

途中旧日本軍の飛龍《ひりゅう》重爆撃機墜落地跡の標識があり、時代の面影を感じながら尾根を進むと、車道と交差する**梅ノ木峠**《うめき》に着く。直進し、アンテナ塔先の分岐を日の

■**鉄道・バス**
往路＝JR青梅線日向和田駅。復路＝つるつる温泉から西東京バスでJR五日市線武蔵五日市駅へ。

■**マイカー**
起点の日向和田駅周辺に駐車場はなく、下山口も異なりマイカーは不適。

■**登山適期**
真夏を除けばいつの季節でも楽しめる。吉野梅郷の花を楽しむなら3〜4月、11月の紅葉の時期もおすすめ。

■**アドバイス**
▽このコースは寺社をはじめ、歴史散策も楽しめる。登山口の天澤院は願いごとが叶う地蔵があって有名。コース中の琴平神社は商売繁盛の神様として祈願する人が多い。梅ノ木峠周辺には1945（昭和20）年8月11日の重爆撃機「飛龍」の墜落現場がある。
▽下山後はつるつる温泉（入浴料960円）で汗を流して帰ろう。着替えも忘れずにもっていきたい。

■**問合せ先**
青梅市商工観光課☎0428・22・1111、青梅観光案内所☎0428・20・0011（土・日曜、祝日問合せ先）、西東京バス五日市営業所☎042・596・1611、つるつる温泉☎042・597・1126

■**2万5000分ノ1地形図**
武蔵御岳

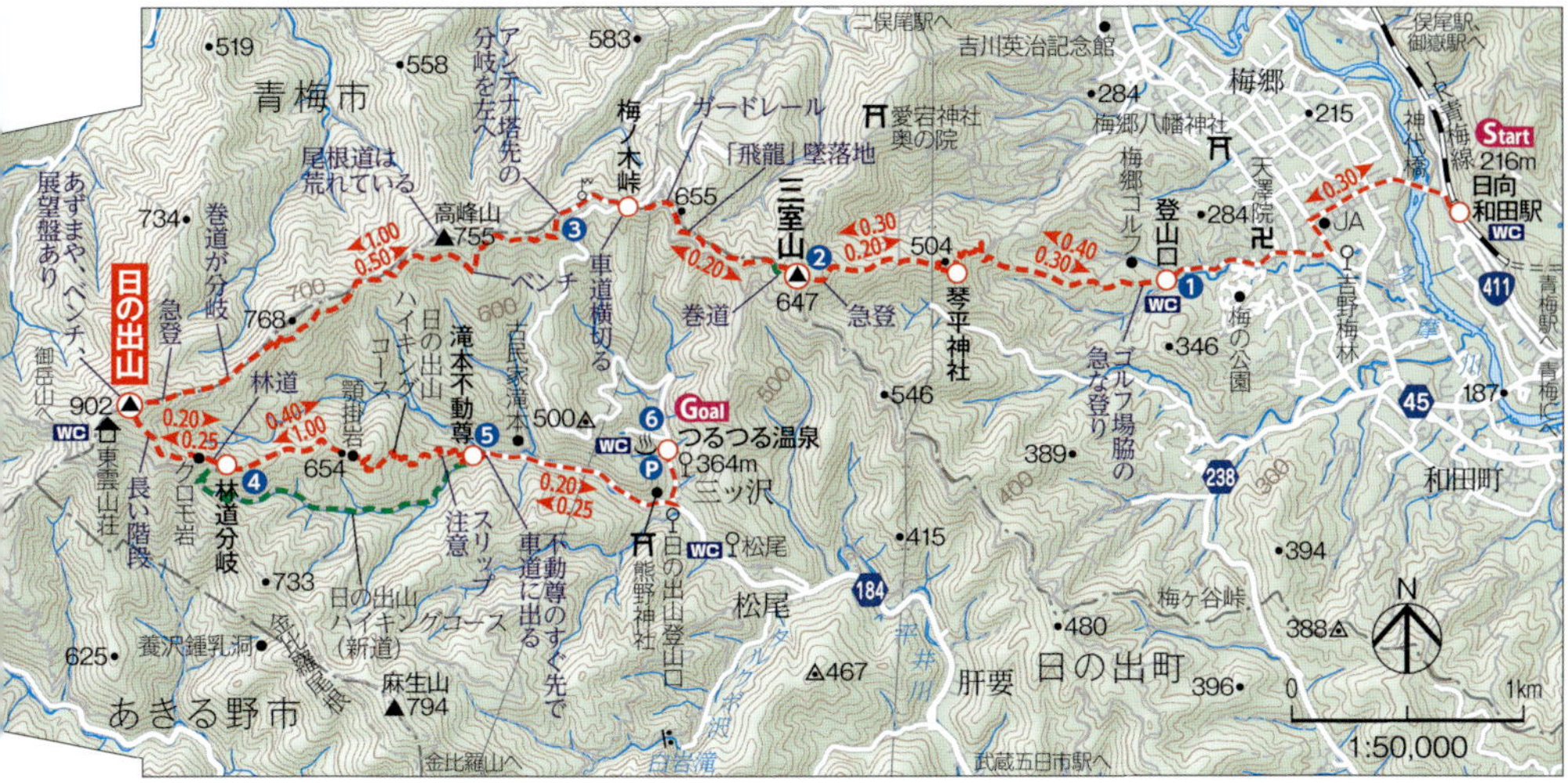

出山方面の登山道へ進む。道幅のある林道となるが、すぐに狭くなる。

平坦な道をしばらく歩くと日の出山の巻道と二分し、山頂へは右の急登を行く。石垣が見え、最後に石の階段を登りきると**日の出山**山頂だ。広々とした山頂で、360度の展望が楽しめる。ベンチやあずまやもあり、ランチに最適だ。

山頂をあとに下山にかかるが、山頂からの長い階段状の下りはスリップに注意。標識はしっかりしているので下山地を誤る心配はなく、眼下の景色もよいので気持ちよく下ることができる。

やがて道が二分し（**林道分岐**）、つるつる温泉方面に向かう。途中、日本武尊《やまとたけるのみこと》が蝦夷《えみし》征伐の帰りに岩に顎《あご》をかけて関東平野を見わたしたといわれる顎掛岩《あごかけ》もある。今は樹林の中だが、古のロマンが感じられる場所だ。

樹林の中の急坂をしばらく下り、**滝本《たきもと》不動尊**をすぎると車道に出る。ここが登山道の終点だ。

民家の間の舗装路を進み、熊野《くまの》神社を左に曲がって少し上がると、**つるつる温泉**に到着する。温泉で疲れをいやすだけでなく、食事もでき、しかも武蔵五日市《むさしいつかいち》駅へのバスもここから乗車できるのが何とも嬉しい。

（塩田諭司）

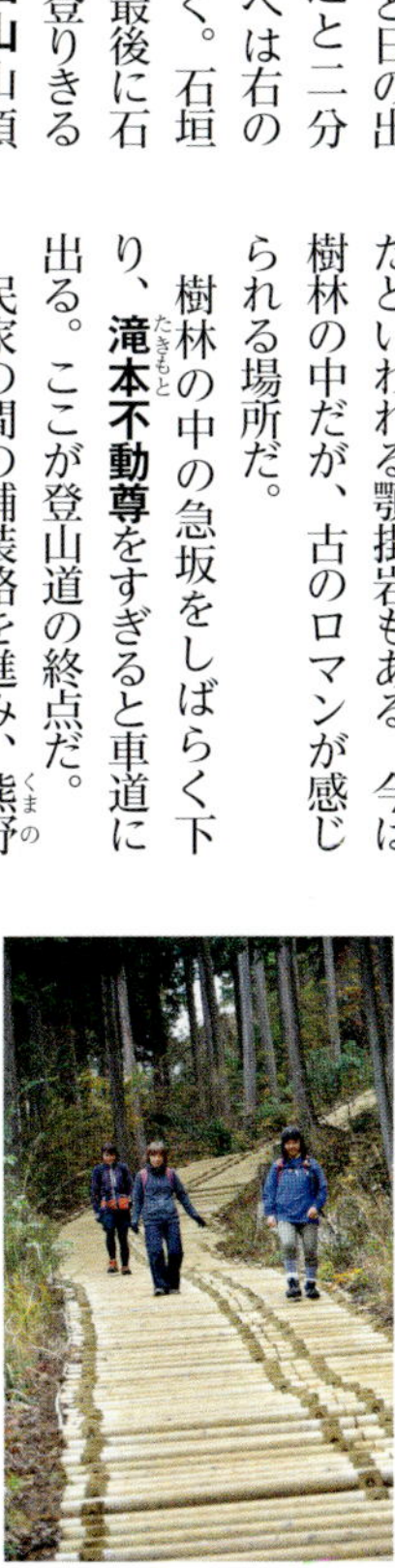

日の出山の山頂からは長い階段の下りが続く。スリップに注意

CHECK POINT

1 トイレと水道がある登山口。鳥居をくぐって登山道へ

2 東側の展望が開ける三室山山頂。巻道もある

3 梅ノ木峠をすぎ、アンテナ塔先の分岐は左の山道へ

4 山頂からは「つるつる温泉」の標識にしたがって下る

5 滝本不動尊の先で車道に出る。この先は車道歩きだ

6 つるつる温泉は第3火曜休（祝日の場合翌日）

21

御前山①

奥多摩湖～御前山～境橋

奥多摩三山の一峰。カタクリと広葉樹、渓谷が美しい人気コース

ごぜんやま
1405m

日帰り

歩行時間＝5時間
歩行距離＝9・5㎞

技術度

体力度

コース定数	＝22
標高差	＝1011m
累積標高差	↗992m ↘1159m

↑山頂部に咲くカタクリ。見ごろは4月中旬

←ココゴメウツギが咲く御前山の山頂

御前山はその雄大な山容から、三頭山《みとうさん》、大岳山《おおだけさん》とともに奥多摩《おくたま》三山に数えられる山である。4月は奥多摩湖のサクラを見ながら山頂ではカタクリの花を愛で、11月になればブナやカエデの紅葉がすばらしく、四季折々で楽しむことができる。ここで紹介するのは、奥多摩湖畔から雑木林の尾根道をたどり山頂へ。奥多摩「体験の森」を経て、最後に栃寄《とちより》沢を下り境橋《さかいばし》バス停までを歩くコースである。

JR青梅《おうめ》線奥多摩駅からバスを20分ほどで**奥多摩湖バス停**に着く。トイレを済ませ、小河内《おごうち》ダムの左側遊歩道を回る。登山口は「奥多摩湖いこいの路」ゲート手前の左側広場の奥にある。

石の階段を上がり、尾根上の分岐を左に登っていく。ちなみに右は頂上広場となっていて、満々と水を貯めた奥多摩湖を眼下に眺められる。ここから木の根っこが露出した急登となり、いっきに高度を稼いでいく。斜面が緩やかになったところでサス沢山《さわやま》に着く。ここからは奥多摩湖から倉戸山《くらどやま》、鷹《たか》ノ巣山《すやま》、雲取山《くもとりやま》へ続く石《いし》尾根を見わたすことができ、展望を楽しみながらひと息つこう。

サス沢山からの大《おお》ブナ尾根は岩がゴロゴロと露出した急登となっているが、ブナの大木などがあり新緑のころはとても気持ちがよい。惣岳山《そうがくさん》手前はすべりやすい急坂

■鉄道・バス
往路＝JR青梅線奥多摩駅から西東京バスで奥多摩湖へ。
復路＝境橋から西東京バスで奥多摩駅へ。
■マイカー
圏央道日の出ICから都道、国道411号で奥多摩湖へ。湖の周辺に無料駐車場が整っている。下山口の境橋から駐車場までのバス時刻を調べておくとよい。
■登山適期
4月中旬頃はカタクリの花がみごとである。その頃は奥多摩湖畔のサク

＊2023年5月現在、体験の森入口～車道（栃寄登山口）間が通行止めのため、林道へ迂回する。詳細は奥多摩ビジターセンターのホームページを参照。

サクラが咲く春の奥多摩湖畔から御前山（中央奥）を望む

となる。春はこのあたりからカタクリの群生地となり、大勢の登山客でにぎわう。小河内峠を経て月《つき》夜見山《よみやま》、三頭山方面への分岐となる**惣岳山**山頂は、展望はない。

ここから御前山までは20分ほど。途中2箇所ほどベンチが設置されている見晴《みはらし》台があり、それぞれ北側・南側の展望を見ることができる。ひと登りで**御前山**山頂に到着する。

山頂から木の階段を下り、湯久《ゆく》保《ぼ》尾根との分岐を左に行けば御前山避難小屋に着く。水場はオーバーユースの問題で、シーズン中の飲用は不適である。トイレを済ませ、下りにかかる。

避難小屋から下部は「体験の森」を下っていく。湧水の広場やカラマツ広場、シロヤシオ広場など体験学習用の広場がいくつもあるが、指導標が整備されているので安心して歩ける道だ。

体験の森を半分すぎたあたりから、登山道と林道・車道をくり返していく。**体験の森入口**（トチノキ広場）には休憩舎やきれいなトラも美しい。また新緑や紅葉の頃もおすすめ。落ち葉を踏みしめて歩く晩秋もいい。

■アドバイス

▽惣岳山周辺から御前山にかけてカタクリの群生地となっている。4月の最盛期は東京都山岳連盟の自然保護委員がカタクリパトロールにあたっている。群生地には掲示板を掲げ、保護をよびかけている。

▽登りはじめ直後は高度差200メートルの急登。あせらずゆっくり登ろう。

▽御前山避難小屋はきれいに保たれている。小屋脇の水場は、オーバーユースの問題でシーズン中の飲用は不適である。

▽栃寄沢は苔むした岩などで足もとがすべりやすいので、歩行に心配がある場合は体験の森から沢道へは下りず、そのまま舗装された車道を下る方が安全である。また沢道は増水時には注意が必要。

▽帰途、夕刻になると境橋からのバス本数は少なくなるので、事前に確認をしておくこと。

■問合せ先

奥多摩町産業観光課☎0428・83・2111、西東京バス氷川車庫☎0428・83・2126、奥多摩都民の森（体験の森）管理事務所☎0428・83・3631

■2万5000分ノ1地形図

奥多摩湖

＊コース図は86・87ページを参照。

イレがあり、小休止するのにはちょうどよい。

体験の森から10メートルほど下った右側に、沢沿いに下りる階段がある。ここからが栃寄沢である。この道は数年の大規模整備工事を経て、2017年4月に通行止めが解除になった道である。左側の車道と並行する沢沿いの道だが、終点まで車道と交差することはない。苔むした岩の間を通過する箇所もあるので、足をすべらせないように注意しながら歩こう。

歩きはじめはゴロゴロとした岩の間を縫うように進んでいく。木の橋を渡りつづら状に下っていくとだんだんと樹林が深くなり、右側には切り立った岩が現れる。このあたりを新緑の頃に見わたせば、美しい渓谷の緑と巨岩の神秘的な光景に目を奪われるはずだ。

さらに岩に沿うように下っていくとしだいに水の音が大きくなり、栃寄大滝に出る。この滝は岩陰の奥にあり、少々わかりづらい。

徐々に傾斜が緩くなり、沢の終点で**車道**に出る。車道を20分ほど下ると多摩川の橋上にある**境橋バス停**に着く。


（青木貴子）

サス沢山からの奥多摩湖

深い渓谷の栃寄沢。鮮やかな緑が印象的

CHECK POINT

1

バス停からダム堤を歩くこと約10分で登山口に着く。登りはじめから急な登りを強いられる

2

サス沢山からは岩が露出した尾根道の登りとなる。ブナの大木がある

3

惣岳山の一角にある小河内峠との分岐。御前山へは距離にしてあと600メートルの登り

4

惣岳山～御前山間のカタクリ群生地にある案内板。カタクリは東京都山岳連盟の手により守られている

5

御前山山頂から東に5分ほど下ると御前山避難小屋（収容15人）が建っている。ここから体験の森へと下る

6

体験の森・トチノキ広場の先で車道を離れ、右下への沢道に入っていく。ここからは栃寄沢沿いに進む

7

栃寄沢の岩壁沿いの道を進むと落差約10メートルの栃寄大滝が姿を現す

8

コース終点となる国道411号（青梅街道）上の境橋バス停。バスは1時間に1本程度

22 御前山②

道祖神が見守るゆったりコースで、奥多摩の森を満喫して山頂へ

日帰り

宮ヶ谷戸～御前山～藤倉

ごぜんやま 1405m

歩行時間＝5時間5分
歩行距離＝13・2㎞

技術度

体力度

コース定数	＝28
標高差	＝1071m
累積標高差	↗1367m ↘1217m

↑湯久保尾根の杉林の道を登って御前山を目指す

コアジサイ

ニシキウツギ

三頭山《みとうさん》、大岳山《おおだけさん》とともに奥多摩《おくたま》三山のひとつとして知られる御前山へはいくつかのアプローチがあるが、南の檜原《ひのはら》側からの湯久保《ゆくぼ》尾根は、ゆったりとトレイルを楽しむにはぴったりのコースだ。ここではその湯久保尾根を登って山頂に立ち、小《お》河内《ごうち》峠を経て往路と同じ檜原側の陣馬《じんば》尾根を下山するコースを紹介する。

武蔵五日市《むさしいつかいち》駅から藤倉《ふじくら》方面行きのバスに乗り、**宮ヶ谷戸《みやがやと》バス停**で下車。バスの進行方向に進み、すぐ右手に見える赤い欄干の橋を渡り終えたら左にとり、川沿いに進む。

■鉄道・バス
往路＝JR五日市線武蔵五日市駅から西東京バスで宮ヶ谷戸へ。復路＝藤倉から西東京バスで武蔵五日市駅へ。

■マイカー
縦走コースのためマイカーは不適。

■登山適期
新緑の4月から5月頃。4月中旬から下旬のカタクリの花が咲く頃が最もおすすめ。秋にはカラマツの黄葉が美しく、冬場は日だまりハイクと通年にわたって楽しめる。

■アドバイス
▽コースはよく整備されていて、歩きやすい。ただし惣岳山から小河内峠の間にある岩場と巻道の分岐を見落とさないこと。また、やせ尾根の通過時は、北側の崖に注意したい。
▽御前山、惣岳山どちらも山頂は広いので昼食をとるのによい。御前山避難小屋はよく整備されており、トイレも併設されている。小屋脇の水場はオーバーユースの問題で、シーズン中の飲用は不適。

■問合せ先
奥多摩町観光産業課☎0428・83・2111、檜原村産業環境課☎042・598・1011、西東京バス五日市営業所☎042・596・1611

■2万5000分ノ1地形図
猪丸・奥多摩湖

＊コース図は86・87ページを参照。

祠のある分岐を右に曲がり、畑の中の小道を登ると道祖神が見守る登山口に着く。

登山道は整備されており、歩みも心地よい。1時間ほど進むと大きなウトウ岩が見えるので、左手に巻く。その後は距離こそ短いが岩場を通過するので、足もとに気をつけて進もう。

この先は緩やかな登りが続く。稜線に出ると御前山避難小屋への案内板があるので、指示に沿って小屋へ行ってみよう。ログハウス風のよく整備された小屋だ。御前山山頂への最後の登りに備えてトイレ休憩をとるのもよいだろう。なお、水場の流量はそれほど多くないので、水分の持参は必須だ。

ブナが目立つ惣岳山から小河内峠への縦走路

春の御前山山頂

春日神社で登山の無事を感謝する

ひと呼吸整えたら階段を上がり、**御前山**山頂へ。山頂は広くベンチも複数あるが、4月下旬頃はカタクリの花目当ての登山者で混雑するので、シートを持参すると快適に休憩できるだろう。

山頂をあとに、惣岳山《そうがくさん》へ向かう。天候のよい日には途中にある展望スポットで、奥多摩の山並みを一望できる。鹿の防護ネットで保護されたカタクリの花の群生地は、開花時期には可憐な花を目にすることができるだろう。

惣岳山の山頂は御前山よりも広く、御前山から15分程度で着くので、ここで休憩をとるのも一案だ。山頂は小河内峠方面と奥多摩湖方面との分岐でもあるので、間違った方向に進まぬよう、下山の際にルートをいま一度確認しよう。

小河内峠までは歩きやすい道が続くが、岩場と巻道の分岐は標識が小さいので見落とさないように（初級者は巻道をたどること）。また、小河内峠から御前山避難小屋までは日本最高峰のトレイルランニングレースである「長谷川恒男カップ」のコースの一部なので、やせ尾根などでトレイルランナーとすれ違う際には慎重に対処すること。**小河内峠**は広くベンチもあるので、陣馬尾根を下る前にひと息入れるのによい場所だ。

陣馬尾根はなだらかな下りが続くので歩きやすいが、落ち葉などの堆積物で足もとをとられやすい箇所もあるので、気にしつつ下ろう。登山道終点の先には道祖神がそっと祀られている。

舗装路を進み、春日《かすが》神社を経てバス停への階段を下りれば**藤倉バス停**はすぐそこだ。始発なのでゆっくり座って帰れるだろう。

（澤井紀子）

浅間尾根から御前山と陣場尾根を望む

CHECK POINT

1 宮ヶ谷戸バス停から赤い欄干の新お初橋を渡り、宮ヶ谷戸の集落に入る

2 宮ヶ谷戸集落の小道を上がっていくと道祖神が祀られている。ここが登山口だ

3 登山口から進むと、まもなく伊勢清峰神社の鳥居が左手に見える

4 ウトウ岩を左から巻く。この先はロープのある岩場を通過する

5 頭上を倒木がふさぐ箇所がある。通過の際に頭をぶつけないように

6 稜線に出て大岳山への道を分けると、すぐに避難小屋と御前山への分岐がある

7 惣岳山山頂。展望こそないが、御前山より広いので休憩に適している

8 岩場と巻道の分岐。左の巻道を歩く方が安全だ

9 やせ尾根の通過。他の登山者とのすれ違いの際などでの滑落に注意したい

10 樹林の中の小平地・小河内峠。かつては檜原と小河内を結ぶ交易路の峠だった

11 旧小林家住宅への道を分けると、まだ新しい荷付場地蔵が建っている

12 車道を進むと左手に藤倉バス停への階段があり、これを下っていく

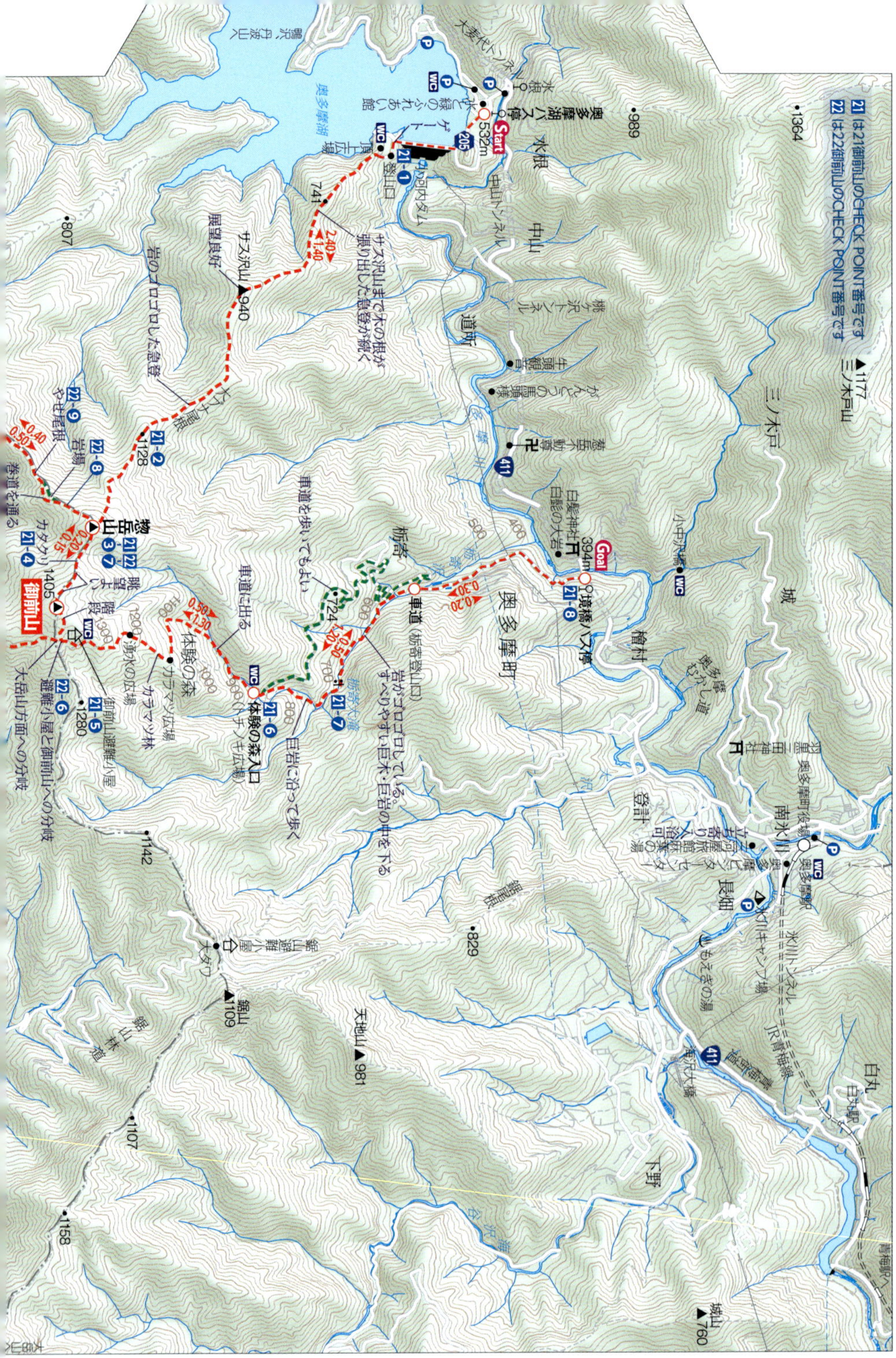

21は21御前山のCHECK POINT番号です
22は22御前山のCHECK POINT番号です
奥多摩湖
奥多摩湖バス停
Start
532m
奥多摩水と緑のふれあい館
小河内ダム
登山口
水根
中山
中山トンネル
サス沢山まで木の根が張り出た急登が続く
サス沢山 940
展望良好
岩のゴロゴロした急登
大ブナ尾根
やせ尾根
岩場
巻道を通る
惣岳山
カタクリ
御前山 1405
眺望よい階段
避難小屋と御前山への分岐
大岳山方面への分岐
御前山避難小屋
湧水の広場
カラマツ広場
カラマツ林
体験の森
体験の森入口（トチノキ広場）
車道に出る
車道を歩いてもよい
栃寄
車道（栃寄登山口）
岩がゴロゴロしてすべりやすい巨木・巨岩の中を下る
巨岩に沿って歩く
栃寄大滝
境橋バス停
Goal
394m
白髪神社
白髪の大岩
道所
牛頭観音
がんどうの馬頭様
奥多摩町
檜村
奥多摩むかし道
三ノ木戸山 1177
三ノ木戸
城
登計
長畑
奥多摩駅
大ダワ
鋸山 1109
鋸山林道
天地山 981
白丸
下野
城山 760

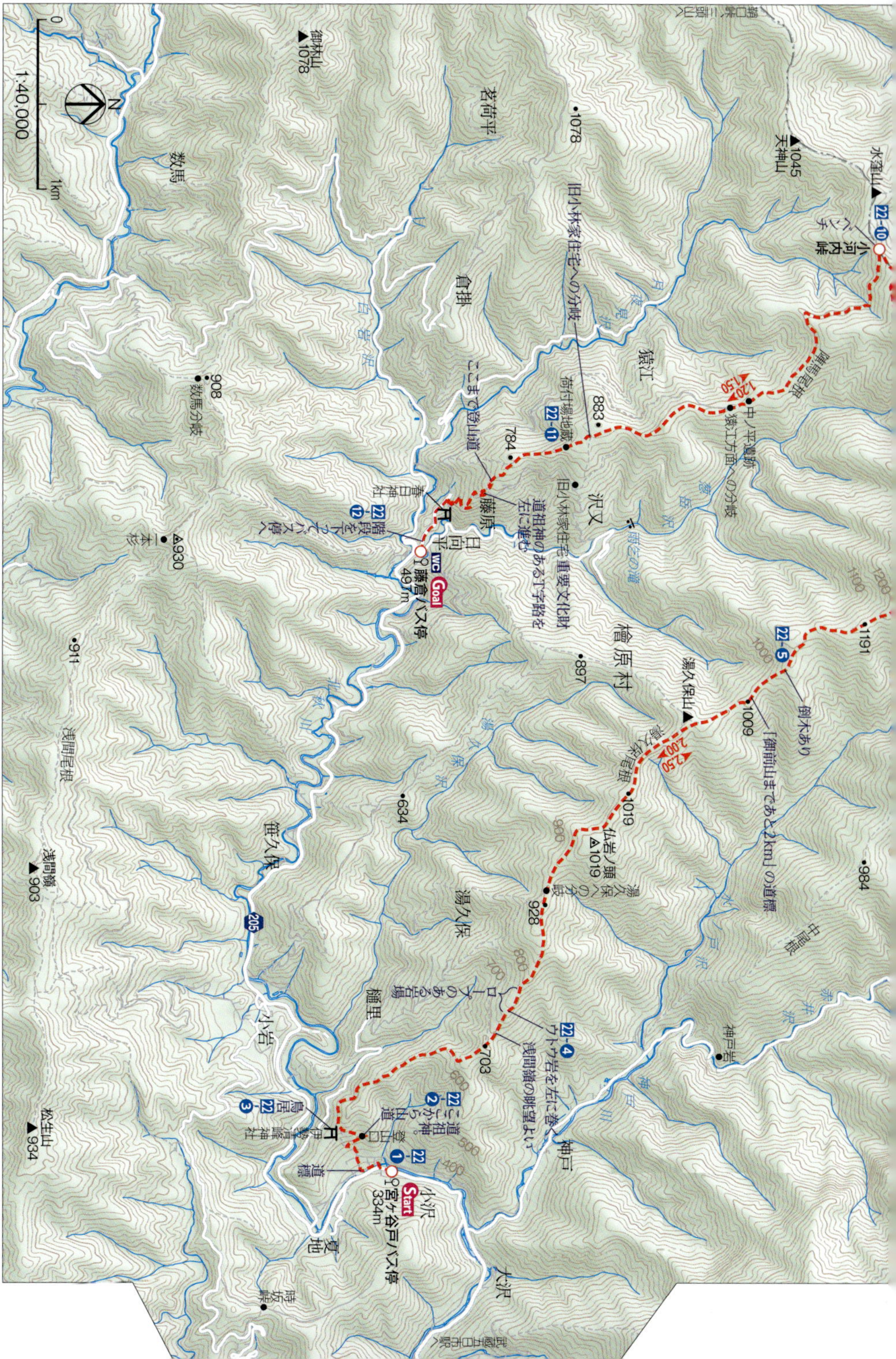

1:40,000
N
0
1km
御林山
▲1078
茗荷平
•1078
数馬
旧小林家住宅への分岐
倉掛
908
数馬分岐
ここまで登山道
荷付場跡
22-11
883
784
猿江
陣馬尾根
中ノ平集落跡
猿江方面への分岐
1:20
1:50
22-10
小河内峠
ベンチ
天神山
▲1045
藤原
春日神社
22-12 階段を下ってバス停へ
日向平
WC
Goal
藤倉バス停
497m
道祖神のある丁字路を左に進む
旧小林家住宅（重要文化財）
沢又
檜原村
•897
湯久保山
22-5
倒木あり
•1191
•1009
「御前山まであと2km」の道標
湯久保尾根
2:00
2:50
•1019
仏岩ノ頭
▲1019
湯久保への分岐
928
•984
中尾根
湯久保
•634
ロープのある岩場
樋里
22-4
ウトウ岩を左に巻く
浅間嶺の眺望よい
703
神戸岩
神戸
22-2
こちら道祖神へ
登山口
22-3
鳥居
伊勢清峯神社
22-1
道標
Start
宮ヶ谷戸バス停
334m
小沢
夏地
時坂峠
大沢
武蔵五日市駅へ
笹久保
205
小岩
浅間尾根
浅間嶺
▲903
松生山
▲934
▲930
一本杉
•911

三頭山西峰の山頂からは南西方向に富士山を望むことができる

23

三頭山①都民の森周回

三頭大滝とブナ林の美しさを堪能し、山頂から富士山を望む

日帰り

みとうさん
1531m（中央峰）

歩行時間＝3時間40分
歩行距離＝6・3km

技術度 ★
体力度 ★

コース定数	=**14**
標高差	=535m
累積標高差	↗ 638m ↘ 638m

奥多摩《おくたま》三山の最高峰である三頭山は、西峰《せいほう》、中央峰《ちゅうおうほう》、東峰《とうほう》と山頂が3つに分かれていることから山名が付いた。西峰は富士山《ふじさん》の展望がよく、直下には立派な避難小屋もある。中央峰は標高こそ最も高いが、樹林に囲まれ展望はない。展望台がある東峰は、大岳山《おおだけさん》方面の視界が開けている。

登山は東面の都民の森からの出発になる。下山も同じなのでマイカー利用も可能だ。都民の森は清潔なトイレをはじめ、軽食がとれる売店など設備が整っている。飲料水も汲めるので、登山前に補給しておこう。

都民の森バス停がある駐車場を出発したらアスファルトの坂を登る。少し歩くと道が二分する。アスファルトの道は森林館へ続くが、左側の階段を上がる。階段を上がりきると**森林館前**に出て、このコースの場合は左に進む。

傾斜が緩い坂を登ると、途中からウッドチップが敷き詰められた登山道になる。セラピーロード（大《おお》滝《たき》の路《みち》）とよばれ、木の香りがよく、鳥のさえずりも聞こえる、まさに癒しの道だ。道なりに歩くと見晴《みはら》し台があり、天気がよい時は遠望が利く。さらに進んで大きく曲がると**あずまや**があり、すぐに**滝見橋**《たきみ》に着く。ここから三頭大滝がよく見える。この橋は通り抜け

■鉄道・バス

往路・復路＝JR五日市線武蔵五日市駅から西東京バスで都民の森へ。直通の急行バス以外は数馬行きに乗車し、都民の森行きに乗り換える（ともに西東京バス）。

■マイカー

圏央道あきる野ICから国道411号、都道206号などで都民の森駐車場（約100台）へ。ゴールデンウィークや紅葉期などの満車時は奥多摩湖側に1㌔進んだ数馬第1駐車場（約80台）に車を停め、都民の森まで歩く（約15～20分）。

■登山適期

ブナの新緑が美しい4月中旬から5月下旬、三頭大滝や沢沿いに歩くコースのため「涼」を楽しむ夏期、そして10月中旬～下旬の紅葉に触れる時期がおすすめとなる。

■アドバイス

▽檜原都民の森には多くの散策路が整備されている。それぞれが楽しめるコースとなっているので、売店や森林館で園内の地図を入手し、四季それぞれ何度か訪れて楽しむとよい。

都民の森のコース詳細は案内板やパンフレット、インターネットで確認できる

東峰で展望を楽しんだらブナの路で鞘口峠を目指す

石山の路に入り歩きやすい登山道を進む

三頭山最高点・中央峰のベンチ

できないが、滝を眺めるには格好の場所だ。すぐ側には大滝休憩小屋があるので、ひと息入れよう。

休憩小屋を出て登山道を上がると道が二分する。直進すれば三頭山直下のムシカリ峠に向かうが、ここでは大回りとなるが、左の「石《いし》山《やま》の路」を行く。幅こそ狭いが、歩きやすい道だ。小さな沢を越えると、大木のシオジの木がある。この先は急登だが、木々に囲まれ快適に歩ける。目の前に稜線が見えたら急坂は終わる。

稜線に出たら右に曲がるが、標識があるので安心だ。ここからは登山道もしっかりしているので歩きやすい。クリやブナの木が多く、登山道に空の実が落ちている。途中にベンチもある。

すべりやすい木の根に注意しつつ少しずつ高度を稼いでいくと、大きく右に曲がる。ここから「**深《み》山《やま》の路**」となる。立派なブナの大木がある気持ちのよい登りだ。登りきると**ハチザス沢《ざわ》の頭《あたま》**で、西原《さいはら》峠からの笹《ささ》尾根と合流する。

標識にしたがい三頭山方面に進み、大沢山を越えて下っていくと三頭山避難小屋がある。30人ほどが入れる立派な建物で、トイレも

▽都民の森へのバスは12～2月は運休、3月も土・日曜・祝日のみにつき、タクシーを利用することになる。▽檜原都民の森の施設は月曜（祝日の場合は翌日）および年末年始（12月29日～1月3日）は定休日のため、駐車場も利用できない。また、季節により利用時間も異なるので都民の森のホームページで確認すること。

■問合せ先

檜原村産業環境課☎042・598・1011、檜原都民の森☎042・598・6006、西東京バス五日市営業所☎042・596・1611、横川観光タクシー（武蔵五日市駅）☎0120・489・083

■2万5000分ノ1地形図

猪丸

ウッドチップが敷き詰められた大滝の路。森林セラピーロードに認定されている

＊コース図は91ページを参照。

きれいだ。さらに下るとベンチや案内板のある**ムシカリ峠**に着く。右下から上がってくる登山道は都民の森からのルートだ。

峠から三頭山に向けて登っていく。このあたりはブナ、ナツツバキの木が多い。やがて山頂直下の分岐に出る。右に行く道は巻道だ。直進し、階段状の急登を行くと三頭山**西峰**に着く。広い山頂からは富士山がよく見える。百蔵山《ももくらやま》や三《み》ツ峠山《とうげやま》も遠望できる。

西峰からいったん階段を下り御《み》堂《どう》峠へ、登り返すとすぐ中央峰だ。樹林に囲まれ展望は利かないが、テーブルとベンチがあり、静かなのでゆっくりランチをとるにはいい場所だ。3つ目のピーク**東峰**はここからすぐで、展望台からのすばらしい眺めが待っている。

眺めを楽しんだら東へのびる急坂を下る。この登山道は「ブナの路」とよばれる。道幅の狭い稜線をしばらく下ると、**見晴し小屋**に着く。ここでも大岳山方向の眺めが楽しめる。手前から分岐する巻道を使うと時間の短縮になるが、見晴し小屋には行かない。少し下ると巻道と合流する。

落差33メートルの三頭大滝。四季折々に表情を変える

CHECK POINT

1

スタート・ゴール地点の都民の森には売店もあるので安心

2

舗装路を上がっていくと右に「しゅらの橋」があるが、左手の階段を上がる

3

大滝休憩小屋。ベンチやトイレ、水場がある

4

石山の路に入り急坂を登りきると、ちょっと休めるベンチがある

5

登りを終えて縦走路上のハチザス沢の頭に到着。ここからは緩やかに進む

6

1482メートルの大沢山山頂。展望はないがベンチがあり休憩できる

7

広々とした三頭山避難小屋の内部。トイレが使えるのでうれしい

8

避難小屋から下るとすぐにムシカリ峠に着く。ここから三頭山西峰へ登る

9

東峰山頂の標柱と3等三角点。静かな山頂なのでここでのランチもおすすめ

10

下りはブナの路を通り再び都民の森のバス停を目指す

11

ブナの路途中の見晴し小屋は展望も楽しめる休憩スポットだ

12

急な下りもここ鞘口峠まで。右に折れて進むとゴールはもうすぐだ

写真協力＝渡邉明博

さらに急な稜線を、スリップに注意しながら下っていく。しばらく降りていくと**鞘口《さいぐち》峠**に着く。標識にしたがい右の都民の森バス停方面へ下る。すぐに炭焼《すみや》き窯《がま》方面の道と二分し、**森林館**方面に進む。ゴール地点まではもうすぐだ。（塩田諭司）

東峰展望台からは奥多摩三山のひとつ・大岳山がよく見える

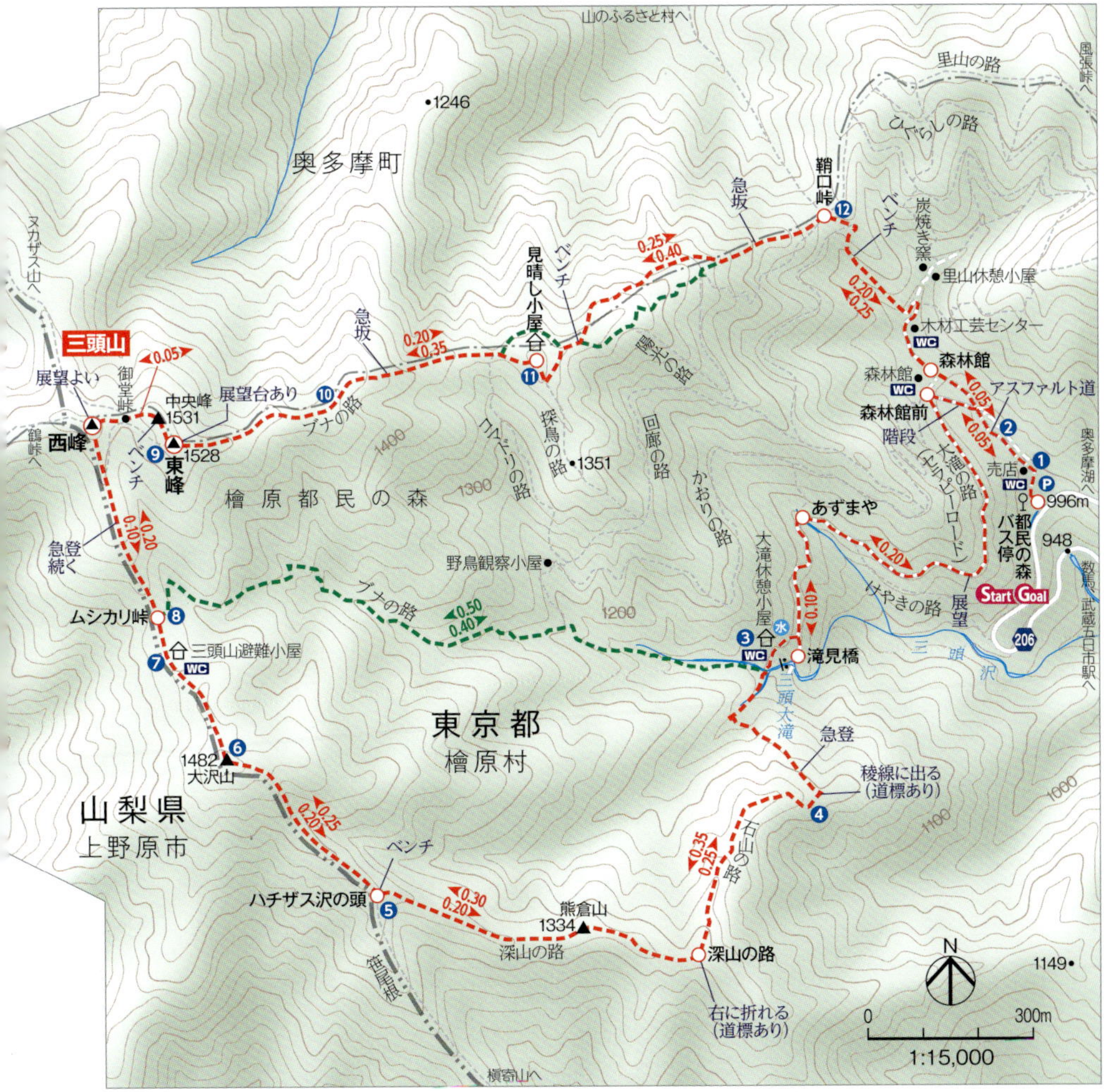

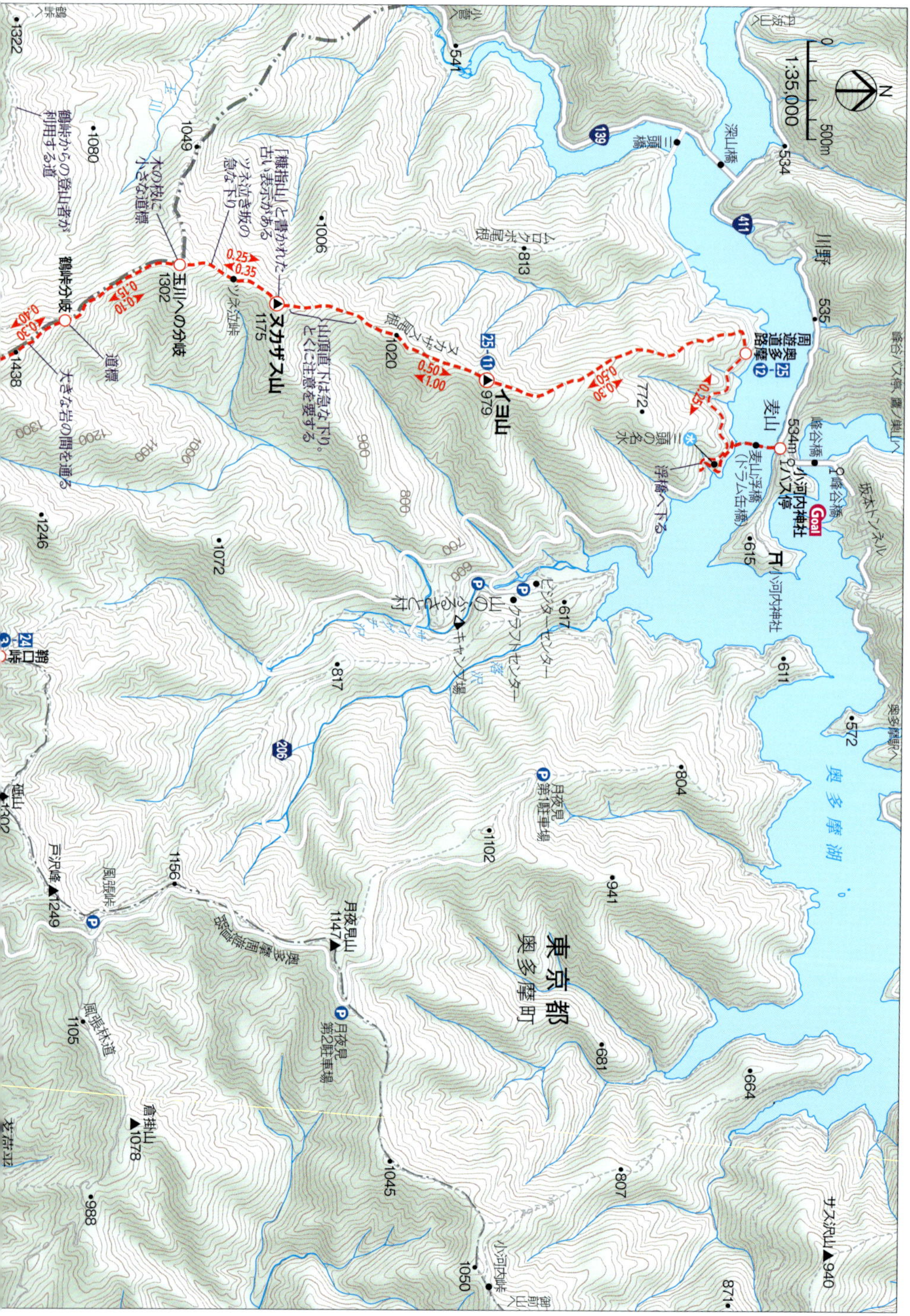
1:35,000
500m
N
東京都
奥多摩町
奥多摩湖
スカザス山
1175
イヨ山
979
鶴峠分岐
玉川への分岐
1302
小河内神社
バス停
Goal
麦山
534m
麦山浮橋（ドラム缶橋）
三頭の名水
山のふるさと村
ビジターセンター
クラフトセンター
キャンプ場
月夜見第1駐車場
月夜見第2駐車場
月夜見山
1147
風張峠
戸沢峰
1249
倉掛山
1078
サス沢山
940
小河内峠
鞘口峠
風張林道
奥多摩周遊道路
川野
峰谷橋
坂本トンネル
深山橋
三頭橋
ツネ泣峠
ムロクボ尾根
「棒指山」と書かれた古い表示がある
ツネ泣き坂の急な下り
木の枝に小さな道標
鶴峠からの登山者が利用する道
大きな岩の間を通る
山頂直下は急な下り。とくに注意を要する
浮橋へ下る

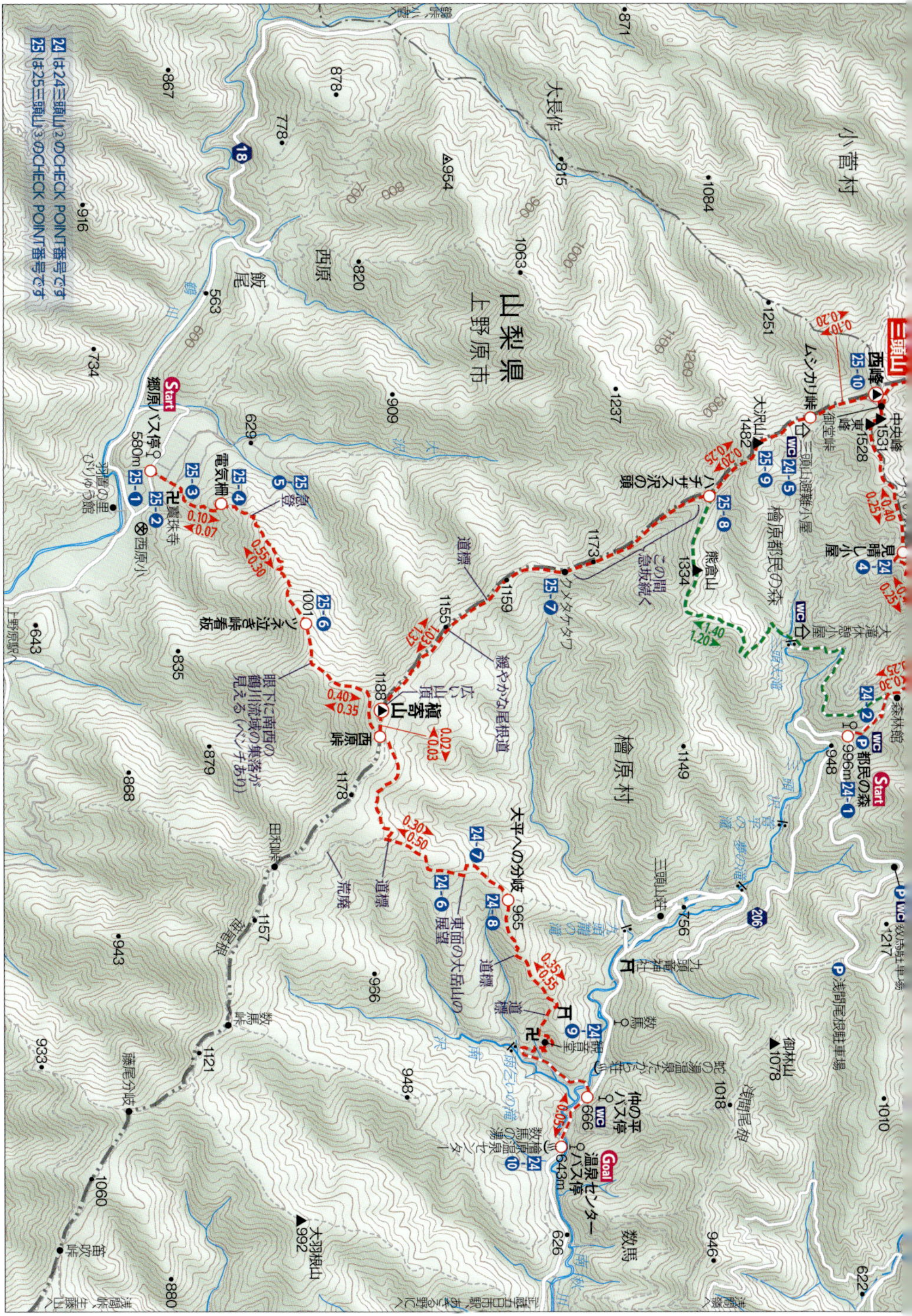

24 は24三頭山②のCHECK POINT番号です
25 は25三頭山③のCHECK POINT番号です
山梨県
上野原市
檜原村
小菅村
三頭山
西峰
中央峰
東峰
1531
1528
ムシカリ峠
三頭山避難小屋
大沢山
1482
ハチザス沢の頭
檜原都民の森
熊倉山
1334
この間急坂続く
見晴し小屋
大滝休憩小屋
森林館
都民の森
996m
Start
郷原バス停
580m
電気柵
ツネ泣き峠看板
1001
槇寄山
1188
西原峠
広い山頂
眼下に南西の鶴川流域の集落が見える（ベンチあり）
穏やかな尾根道
道標
クメタケタワ
1173
1159
1155
田和峠
荒廃
東面の大岳山の展望
太平への分岐
965
仲の平バス停
666
温泉センターバス停
643m
Goal
数馬の湯
数馬
浅間尾根
御林山
1078
大羽根山
992
数馬峠
笛吹峠
藤尾分岐
大長作
飯尾
西原

都内屈指のブナ林と3つの頂の踏破、笹尾根歩きと温泉を楽しむ

三頭山② 都民の森〜三頭山〜笹尾根

みとうさん
1531m（中央峰）

日帰り

歩行時間＝4時間35分
歩行距離＝8・3㎞

技術度
体力度

コース定数＝18
標高差＝888m
累積標高差 650m 1006m

かつては御堂山《みどうさん》とも書かれ、豊かな自然に囲まれていた三頭山。江戸時代の頃から一帯は森林伐採が禁じられていたため、今でも美しいブナが数多く残り、東京都でここまで立派なブナ林を見られる場所はほかにはないだろう。

このコースは、「東京都檜原《ひのはら》都民の森」の中の「ブナの路《みち》」を通り、三頭山の3つのピークをたどりながら笹《ささ》尾根の稜線歩きと下山後の温泉も楽しむ、贅沢な日帰り旅となる。初級者でもハイキング感覚で奥多摩《おくたま》のすばらしさを実感できる人気のルートを紹介しよう。

春はブナの新緑の中を心地よく登ることができる（都民の森）

登山起点の**都民の森**までは武蔵《むさし》五日市《いつかいち》駅から直通バスが運行されている。新緑や紅葉の時期は駅にバス待ちの長い列ができるほどだ。乗車時間1時間15分ほどで都民の森に着く。売店やトイレなどが整備されているので、出発の準備をしてスタートしよう。

売店を背にして正面の休憩所のところにある道標にしたがい遊歩道に入り、鞘口《さいぐち》峠を目指す。5分ほどで舗装道路を横切り、森林館への階段を上がっていく。森林館を抜け風張《かざはり》峠への分岐をすぎれば15分ほどで**鞘口峠**に着く。

峠からは急な登りとなるが、よく整備されているので一歩一歩、

■鉄道・バス

往路＝88㌻「三頭山①」を参照。

復路＝温泉センターから西東京バスでJR五日市線武蔵五日市駅へ。

■マイカー

縦走コースのため基本的にはマイカーは適さない。利用する場合は武蔵五日市駅周辺のコインパーキングなどに駐車して先述のバスを利用するか、都民の森に駐車し、下山後にバスで都民の森に戻る。

■登山適期

4月中旬〜11月下旬となるが、ブナの新緑（4月中旬〜5月下旬）・紅葉（10月中旬〜下旬）が美しい時期が最もおすすめだ。

■アドバイス

▽武蔵五日市駅から都民の森への直通急行バスは平日8時22分、土・日曜、祝日は8時10分が始発となる。コースタイムと帰りのバス時刻を考えると、この始発バスに乗車するようにしたい。なお、都民の森へのバスは12〜2月の間は運休、3月も土・日曜、祝日のみの運行となるので確認してから出かけよう。

▽都民の森の定休日については88㌻「三頭山①」を参照のこと。

▽都民の森がある数馬地区に三頭山荘や数馬の湯、蛇の湯温泉たから荘などがあり、宿泊や立ち寄り入浴ができる。詳細は檜原村観光協会へ。

■問合せ先

登山者と比べるとブナの幹の太さがよくわかる

多くの登山者でにぎわう東峰の展望台

ゆっくり進めば心配ない。すぐにみごとなブナ林が現れ、まさに「ブナの路」といわれる理由がわかるだろう。途中、都民の森内の「陽《よう》光《こう》の路」への分岐を経て、「探鳥《たんちょう》の路」への分岐をすぎるとすぐに**見晴《みはら》し小屋**がある。小屋からは大《おお》岳山《だけさん》などが見わたせるので、ひと息入れていこう。

その先の「コマドリの路」への分岐をすぎるとブナの大木が多く立ち並び、通りすぎれば三頭山東《とう》峰《ほう》は近い。東峰には展望台があり、大岳山はもちろん空気が澄んでいれば都心まで見わたせ、さらに丹《たん》沢《ざわ》方向の眺望もある。にぎわう東

森林館（写真右上）への階段を上がる

峰から5分もかからずいちばん高い中央峰《ちゅうおうほう》にいたるが、ここは展望がない。そこからいったん御堂峠に下り、ひと登りで**西峰《せいほう》**に着く。

西峰の西側には富士山《ふじさん》が大きく存在感を示し、東側には雲取山《くもとりやま》と奥多摩駅方向にのびる石《いし》尾根がよく見える。山頂も広々としているので、多くの登山者がくつろいでいるだろう。眺望のよい場所を選んでゆっくりと昼食をとりたい。

栄養補給をしたら西峰から**ムシカリ峠**に下り、わずかに登り返すと三頭山避難小屋が現れる。丸太づくりのきれいな小屋でトイレが使える。この先は下山するまでトイレはないので、ここを利用するとよい。小屋からは緩やかに登って大沢山、その先の三頭大《おお》滝への分岐（**ハチザス沢《ざわ》の頭《あたま》**）までは平坦な道が続く。この分岐の先はいっきに急な下りとなり、岩や木の根ですべりやすいところもあるので注意して下っていこう。

下りが終わるとクメタケタワという標柱のある平坦な場所に出る。ここから槇寄山《まきよせやま》を経て西原峠までは、ほぼ平坦で心地よい尾根歩きとなる。展望は期待できないが、木々の緑や澄んだ空気を堪能してほしい。30分ほどゆるゆると歩を進めれば、再度、富士山を望む**槇寄山**だ。広々とした山頂では丹沢方面も含めた展望を満喫し、

広場のような槇寄山山頂

檜原村産業環境課☎042・598・1011、檜原都民の森☎042・598・6006、西東京バス五日市営業所☎042・596・1611、横川観光タクシー（武蔵五日市駅）☎0120・489・083、檜原村観光協会☎042・598・0069

■2万5000分ノ1地形図

猪丸

＊コース図は91、92・93ページを参照。

CHECK POINT

売店の先にある大看板。この前で記念撮影する登山者も多い

左の看板の前方にある「森林館・鞘口峠」の道標からスタート

鞘口峠の道標。三頭山へ左手に進むと、すぐに急登がはじまる

途中の見晴し小屋からは大岳山方面の展望がよい

西峰直下にある三頭山避難小屋。トイレが使えるのがありがたい

西原峠から10分強下ると、地域のテレビ共同アンテナがある

6のアンテナから15分ほどで国定忠治が遠見した木という標柱が現れる

大平への分岐。大平への道は近年整備され歩きやすくなった（100ページ参照）

仲の平集落まで下りてきて、小さな観音堂に出会う

疲れを癒してくれる数馬の湯。バス停が目の前なのでゆっくりできる

写真協力＝渡邉明博

標柱が立つ笹尾根・クメタケタワ。ここから西原峠まではフラットな道となる

水分や行動食を補給して行こう。その先はすぐに**西原峠**《さいはら》に着く。

昔から東京側の数馬《かずま》と山梨側の上野原《うえのはら》を結ぶ峠であった西原峠。ここからはゴールとなる数馬の湯までの下りとなる。急で危険な箇所はないが、足に疲れが出る頃なので、油断せずに歩を進めたい。

途中にある地域のテレビ共同アンテナをすぎると、進行右側の視界が開け、再び大岳山を見ることができる。すぐに国定忠治《くにさだちゅうじ》が遠見した木という標柱が現れ、まもなく**大平**《おおだいら》**への分岐**となる。ここは直進し仲《なか》の平《たいら》バス停を目指す。集落まで下って小さな観音堂を通り、数馬の湯の源泉をすぎれば**仲の平バス停**はすぐだ。バス停をすぎて道路沿いに緩やかに下ると数馬の湯が視界に入る。

数馬の湯の目の前が**温泉センターバス停**なので、武蔵五日市行きのバスの時刻を確認し、温泉でゆっくりと今日の疲れを癒して帰路につこう。

（庄内春滋）

三頭山③
郷原～三頭山～小河内神社

その昔、オツネが帰りを急いだとされる恋路をたどる

みとうさん
1531m（中央峰）

日帰り

歩行時間＝7時間
歩行距離＝10・7km

技術度 ★☆☆☆☆
体力度 ★★☆☆☆

コース定数＝28
標高差＝997m
累積標高差 上り 1151m 下り 1201m

ヌカザス山手前の登山道は秋には紅葉、春には新緑がみごとだ

奥多摩《おくたま》に伝わる、小《お》河内《こうち》川野《かわの》村でも評判の美女・オツネと、京から移ってきた美男の僧侶・香蘭《こうらん》の恋の伝説をご存じの方は多いだろう。香蘭は修行の妨げになるという理由で山向こうの西原《さいはら》のお寺に移されてしまうが、オツネの香蘭を慕う心は強く、ある夜西原まで香蘭を訪ねていった。短い逢瀬をすごして帰りを急ぐが、三頭山をすぎてしばらく進んだ坂に差しかかると東の空が明るくなってくる。「ご主人に見つかったらどうしよう」。オツネは泣きながら坂を駆け下りたという。こうしてついた地名が「ツネの泣き坂」や「ツネ泣き峠」だといわれている。

鶴峠分岐の手前で大きな岩の間を通る

「糠指山」の表示板があるヌカザス山山頂

■鉄道・バス
往路＝JR中央本線上野原駅から富士急バスで郷原へ。
復路＝小河内神社から西東京バスでJR青梅線奥多摩駅へ。

■マイカー
縦走コースのためマイカーは不適。

■登山適期
通年可。新緑や紅葉の頃がベスト。

■アドバイス
▽入下山ともにバスなので、時間を確認して山行計画を立てたい。
▽三頭山からの下り、ツネ泣き坂付近、そしてとくにヌカザス山からの急坂は注意が必要。積雪や凍結が予想される冬場は、軽アイゼンなどのすべり止めを忘れずに。

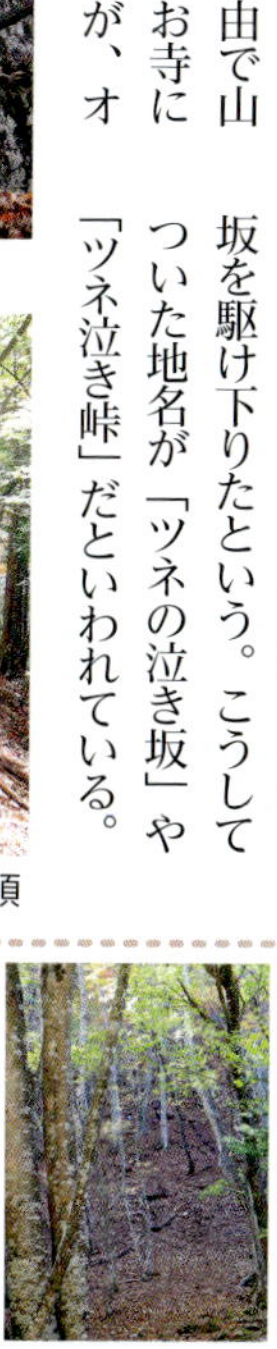

急な下りに注意が必要なツネ泣き坂

■問合せ先
上野原市産業振興課☎0554・62・3111、奥多摩町産業観光課☎0428・83・2111、奥多摩ビジターセンター☎0428・83・2037、富士急バス上野原営業所☎0554・63・1260、西東京バス氷川車庫☎0428・83・2126

■2万5000分ノ1地形図
猪丸・奥多摩湖

＊コース図は91、92・93ジを参照。

三頭山西方から石尾根を遠望する

このコースは、伝説の中でオツネが帰りを急いだ道のりに近い。郷原《ごうはら》バス停から西原峠にいたり、笹《ささ》尾根を三頭山まで進んで奥多摩湖へ下るルートを、現代版ツネの道として紹介してみたい。

スタート地点へはJR中央《ちゅうおう》本線の上野原《うえのはら》駅から鶴《つる》峠・松姫《まつひめ》峠行きのバスに乗り、**郷原バス停**で下車する。バス停を背にして正面にのびる舗装道路を進む。歩きはじめてすぐ右手に寶珠寺《ほうしゅじ》（宝珠寺）があるが、香蘭が移された寺かどうかは伝説のためわからない。まもなく舗装道路が終わり登山道への道標が現れる。少し進むと猪侵入防止の**電気柵**があり、扉を開けて進むが、閉め忘れないように注意してほしい。

麦山浮橋を渡ればゴールの小河内神社バス停だ

すぐに登りがはじまり一歩一歩高度を上げていくと、1時間ほどで「ツネ泣《な》き峠」の伝説が書かれた**看板**がある。きっとオツネは早く笹尾根に出たかったに違いない……。看板から40分ほどで**西原峠**に到着すると、槇寄山《まきよせやま》山頂までは5分もかからない。**槇寄山**からは富士山《ふじさん》の展望がよく、山頂も広いのでひと息入れていこう。

クメタケタワまでは平坦な尾根道で歩きやすい。標柱があるクメタケタワをすぎるとすぐに急登となり、オツネも息を切らしながら先を急いだのではないだろうか。この坂を登りきると**ハチザス沢《ざわ》の頭《あたま》**で、三頭大滝《おおたき》へ下る分岐となっている。ベンチもあるのでザックを置き、水分補給をして小休止。ここから約20分で三頭山避難小屋に着く。ログハウス風のきれいな佇まいでトイレもあり安心だ。

小休止したら三頭山西峰《せいほう》を目指す。**ムシカリ峠**を経て20分ほど登れば**西峰**山頂だ。富士山はもちろん雲取山《くもとりやま》や石《いし》尾根も見わたせるので、多くの登山者でにぎわう。ここでゆっくり昼食をとろう。

西峰からは御堂《みどう》峠にいったん下る。直進すれば三頭山中央峰《ちゅうおうほう》と東峰《とうほう》なので、まだ登られていない場合は往復したい（88ページ「三頭山①」参照）。御堂峠からは西峰の東側を巻くように進む。**鶴峠分岐**を経て**玉川《たまがわ》への分岐**まではさほど急坂ではないが、その先が急な下りとなる。まさにこのあたりが「ツネ泣き坂」で、下ったところに「ツネ泣き峠」の道標があるが、夜明け前の暗がりの中、よくひとりでこんな急坂を下ったものだ……と感じるのではないだろうか。

鞍部《あんぶ》にたどり着きほっとして周囲に目をやると、ヌカザス山《やま》に登る登山道を囲むブナの林が美しい。訪れたのはちょうど紅葉の時期、新緑の頃なら若葉が輝いているだろう。その坂を登りきると、**ヌカザス山**の頂に着く。山頂の左側から下るが、そこが最も急な坂道となる。途中ロープも設けられ、滑落の危険もあるので慎重に。ここをクリアすれば、比較的緩やかに**イヨ山《やま》**まで高度を下げていく。

イヨ山から30分ほどで登山道が終わり、階段で**奥多摩周遊道路**に下りる。通行する車両に気をつけながら麦山《むぎやま》浮橋を目指す。道標にしたがい奥多摩湖へ下りて、湖面に揺れる浮橋を渡れば**小河内神社バス停**に着く。

（庄内春滋）

写真協力＝上野玲奈

ツネ泣き峠の由来の看板から10分ほど先で視界が開け、眼下に鶴川流域の集落と坪山(右奥)を望むことができる

CHECK POINT

1 郷原バス停で下車。身支度を整えて出発する

2 舗装路を上がりはじめるとすぐ右側に寶珠寺がある

3 舗装路の突き当たりに道標があり、登山道に入る

4 登山道に入るとすぐに猪除けの電気柵がある。通ったら忘れずに閉める

5 電気柵の先はやや急な樹林帯の登りとなる。ゆっくり進もう

6 電気柵から1時間弱で「ツネ泣き峠」由来の看板が現れる

7 クメタケタワ標柱の先は急登になるので息を整えよう

8 急坂を登りきるとハチザス沢の頭に到着。三頭大滝への分岐でもある

9 ハチザス沢の頭から20分強でベンチのある大沢山へ到着する

10 三頭山西峰の東側は石尾根方面の展望がよい。西側の富士山の眺めもみごと

11 イヨ山まで下れば目指す奥多摩湖はもう少しだ

12 登山道が終わり、階段で奥多摩周遊道路に出る

笹尾根・西原峠〜田和峠間の広葉樹林のトンネル。新緑がまぶしい

26 数馬の里から槇寄山に立ち、笹尾根を縦走する

槇寄山・笹尾根

まきよせやま・ささおね 1188m（槇寄山）

日帰り

歩行時間＝6時間10分
歩行距離＝14・0km

技術度

体力度

コース定数＝**26**
標高差＝782m
累積標高差 ↗1007m ↘1292m

東京都と山梨県、神奈川県を隔てる笹尾根は、広くは尾根最高点（1531メートル）の三頭山《みとうさん》から高尾山《たかおさん》までを指すが、一般的には槇寄山から浅間《せんげん》峠の間を指す。その場合の笹尾根の最高地点となるのが、標高1188メートルの槇寄山だ。

武蔵五日市《むさしいつかいち》駅から数馬《かずま》行きのバスに乗りおよそ1時間。**数馬バス停**で下車し、車道を西の大平《おおだいら》方向に向かう。まもなく九頭竜《くずりゅう》神社があるので安全登山を祈願し、その先の九頭竜の滝にも立ち寄ってみよう。滝から戻ったら道路を隔てて反対側に**登山口**があるので、道標にしたがって登りはじめる。

近年整備されたと思われる明瞭な登山道を40分ほど登れば**仲の平《なかのだいら》分岐**に着く。分岐をすぎるとすぐに「国定忠治《くにさだちゅうじ》が遠見した木」という標柱があり、その先で進行左側の視界が開け大岳山《おおだけさん》が見える。ここから30分ほど登れば、西原《さいばら》峠を経て**槇寄山**に到着する。富士山《ふじさん》の好展望地であり、広々とした山頂で小休止したら、先ほど通った西原峠に戻り、本格的な笹尾根の稜線歩きをスタートさせる。

尾根上には昔から交通の要所となってきた峠や分岐が多い。西原峠をあとにして美しい樹木のトンネルを越えると**田和《たわ》峠**だ。田和峠からは大菩薩《だいぼさつ》方面や富士山を望み、平坦で歩きやすい道を数馬峠に向かう。**数馬峠**に着くと丹沢《たんざわ》や富士山のパノラマ展望が望め、ベンチもあるので、ここでゆっくり昼食をとるのがいいだろう。

休憩後は再び心地よい稜線歩きを楽しみたい。**大羽根山《おおはねやま》への分岐**、**藤尾《ふじお》への分岐**をすぎれば20分ほどで**笛吹《うずしき》峠**にいたり、その先の丸山へはもうすぐだ。**丸山《まるやま》**山頂は展望こそないが、小さい広場のようになっている。すぐに小棡《こゆずり》への分岐があるが、小棡峠はここから15分ほど先となる。

小棡峠からは次のピークである土俵岳《どひょうだけ》を目指す。**土俵岳**は北側に展望があり、奥多摩《おくたま》方面の御前《ごぜん》山《やま》や大岳山も視野に入る。眺めを楽しんだら**日原《ひばら》峠**を目指し、そこから先はアップダウンのある道のりを40分ほど進めば、**浅間峠**に到着する。長かった笹尾根歩きは、ここで終わりを告げる。

峠に建つあずまやで小休止したら、上川乗《かみかわのり》への下山にかかろう。途中にある小さな祠をすぎると急坂となり、注意して下ると車道に出る。車道を緩やかに下って南秋《みなみあき》川《かわ》橋を渡れば**上川乗バス停**はすぐ目の前だ。

（庄内春滋）

九頭竜の滝

写真協力＝渡邉明博

槇寄山山頂の南西側は展望に恵まれ、富士山の眺めもすばらしい

ベンチとテーブルがある槇寄山山頂

上川乗への下りに祀られた山の神

CHECK POINT

起点となる数馬バス停。ここから車道を西進し、登山口に向かう

車道沿いにある槇寄山の登山口。車道の対面には九頭竜の滝の入口がある

国定忠治の標柱をすぎると、左手の大岳山方面の視界が開けるようになる

数馬峠の手前からは権現山（右の突起）や丹沢（左奥）方面が望める

2等三角点と山名標柱が立つ丸山山頂。樹林の中の静かなピークだ

あずまやと小さな祠がある浅間峠。ここで長い笹尾根歩きが終わる

関東ふれあいの道を兼ねた登山道を下ると、甲武トンネルからの車道に出る

上川乗バス停。バスは1時間半に1本程度。バス停の裏にトイレがある

■鉄道・バス
往路＝JR五日市線武蔵五日市駅から西東京バスで数馬へ。
復路＝上川乗から西東京バスで武蔵五日市駅へ。

■マイカー
縦走コースかつ登山に適した駐車場がないため、マイカーは不適。

■登山適期
一年を通じて登山ができるが、新緑や紅葉の頃が最もおすすめとなる。

■アドバイス
▽コースタイムと帰りのバス時刻を考え、なるべく武蔵五日市駅からの始発バス（6時台）に乗車するようにしたい。
▽数馬までの路線バスは通年運行されているが、都民の森行き（急行）は12～2月は運休、3月も運行日が限られるので要注意。
▽登山口の数馬に旅館や民宿などがあるので、前泊して登山に臨んでもよいだろう。宿については檜原村観光協会へ。

■問合せ先
檜原村産業環境課☎042・598・1011、檜原村観光協会☎042・598・0069、西東京バス五日市営業所☎042・596・1611、横川観光タクシー☎0120・489・083（武蔵五日市駅）

■2万5000分ノ1地形図
猪丸

＊コース図は102・103ページを参照。

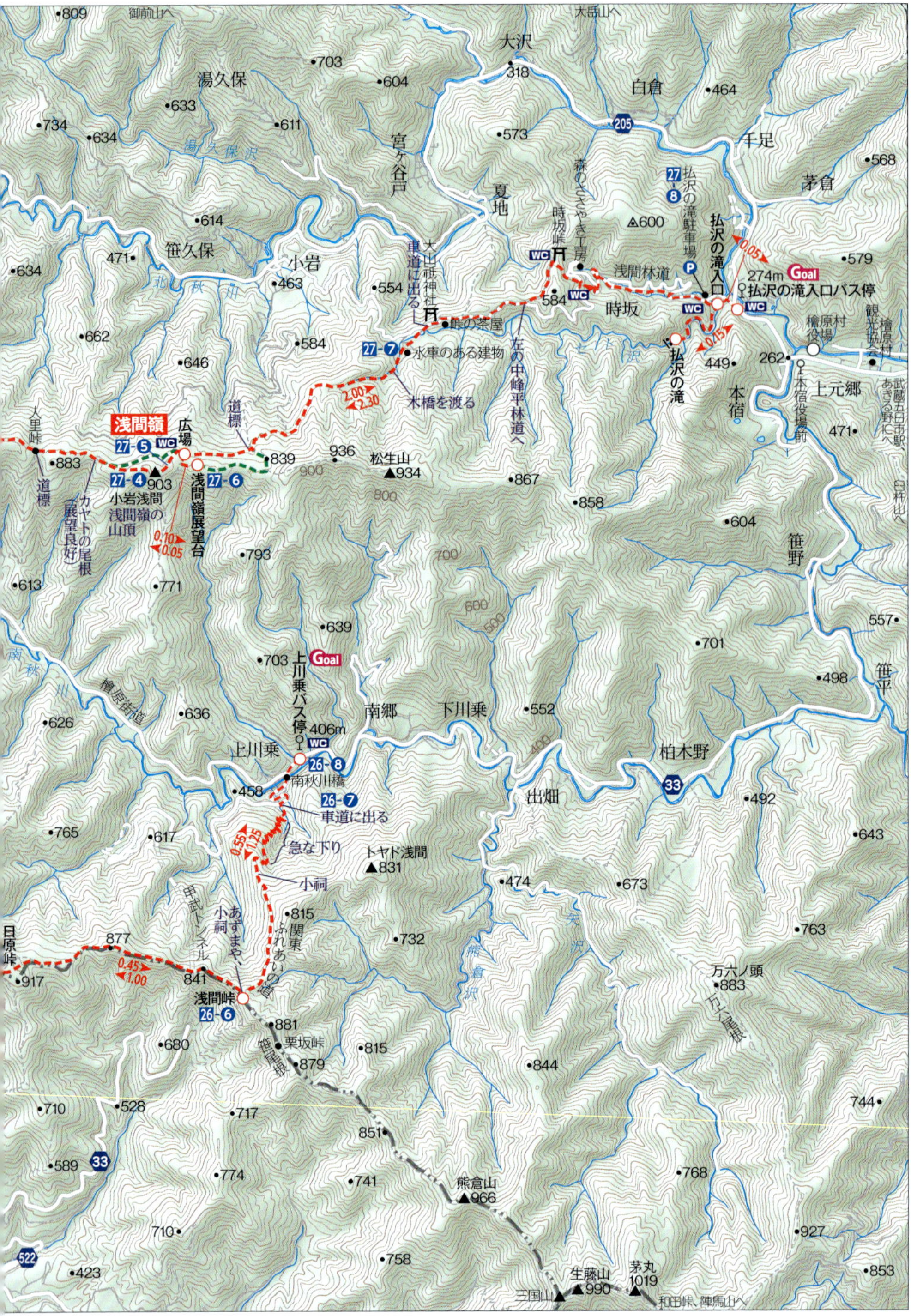

御前山へ
大岳山へ
大沢
318
白倉
464
205
千足
茅倉
568
湯久保
703
604
633
734
634
611
573
宮ヶ谷戸
夏地
湯久保沢
森のささやき工房
時坂峠
27-8
払沢の滝駐車場
600
614
笹久保
小岩
471
634
463
554
大山祇神社
車道に出る
浅間林道
払沢の滝入口
0.05
274m Goal
払沢の滝入口バス停
579
584
時坂
峠の茶屋
檜原村役場
観光協会
662
584
27-7
水車のある建物
左の中峰平林道へ
払沢の滝
0.15
449
262
本宿
本宿役場前
上元郷
武蔵五日市駅、あきる野に
646
2.00
2.30
木橋を渡る
人里峠
浅間嶺
広場
27-5
道標
839
936
松生山
934
471
883
27-4
903
浅間嶺展望台
27-6
867
858
道標
小岩浅間
浅間嶺の山頂
カヤトの尾根（展望良好）
0.10
0.05
900
800
604
白杵山へ
笹野
793
700
613
771
600
500
639
557
南秋川
檜原街道
703
Goal
上川乗バス停
701
498
笹平
626
636
406m
南郷
下川乗
552
上川乗
26-8
南秋川橋
400
柏木野
458
26-7
車道に出る
出畑
33
492
765
617
0.55
1.25
急な下り
トヤド浅間
831
643
小祠
474
673
甲武トンネル
あずまや、小祠
815
関東ふれあいの道
矢沢
日原峠
877
732
763
熊倉沢
917
0.45
1.00
841
万六ノ頭
883
浅間峠
26-6
万六尾根
881
680
栗坂峠
815
879
844
笹尾根
710
528
717
744
851
589
33
774
741
768
熊倉山
966
710
927
522
423
758
生藤山
990
茅丸
1019
853
三国山
和田峠、陣馬山へ

奥多摩町
槇寄山
1188
田和峠
数馬峠
大羽根山分岐
藤尾分岐
笛吹峠
丸山
1098
小棡峠
1046
土俵岳
1005
数馬分岐
数馬バス停
Start
浅間尾根登山口バス停
登山道入口
仲の平への分岐
965
近年整備された歩きやすい道
国定忠治遠見の木の標柱
東面の視界開ける
テレビ共同アンテナ
荒廃
樹林のトンネル
大菩薩方面や富士山を望む
南西側に富士山を望む
南側の視界開ける
アップダウンが少なく歩きやすい道が続く。峠など各分岐の道標はわかりやすい
北面に大岳山を望む
笛吹・丸山への分岐
小棡への分岐
民宿浅間坂
林道横切る
ベンチ
木庵(そば屋)
分岐を左へ
数馬上
数馬下
仲の平
蛇の湯温泉たから荘
檜原温泉センター数馬の湯
九頭竜神社
三頭山荘
九頭竜の滝
龍神の滝
御林山
1078
大羽根山
992
東京都
檜原村
山梨県
上野原市
倉掛
藤原
日向平
茗荷平
檜原都民の森
都民の森
鞘口峠
浅間尾根
浅間石室
一本杉
サル石
朽ちた木の橋
事貫
人里
笛吹
笛吹入口
扁盃
田和
西原
藤尾
初戸
小棡
坂本
芦瀬
沢渡
棡原
大垣外
腰掛
奥多摩周遊道路
檜原街道
南秋川
白岩沢
三頭沢
森沢
鶴川
初戸川
尾名手川
奥多摩湖
三頭山へ
上野原市街へ
1:45,000
0
1km
N

27

浅間嶺

せんげんれい
903m（小岩浅間）

日帰り

歩行時間＝5時間30分
歩行距離＝11・5km

技術度

体力度

「歴史の道」浅間尾根道の展望と、「滝百選」の滝パワーを体感

コース定数＝22

標高差＝656m

累積標高差 ↗793m ↘1125m

サクラが咲く浅間嶺展望台からの御前山（左）と大岳山

昔、数馬《かずま》や人里《へんぼり》の里人が馬によって米や塩などの日用品を運び入れた生活道路であった浅間尾根の道。「甲州中道《こうしゅうなかみち》」とよばれ、江戸と甲州を結ぶ要路だった。今は関東ふれあいの道の「歴史の道」として親しまれている。ここでは当時の往来を偲びながら歩き、終点では払沢《ほっさわ》の滝のパワーをみやげに家路に着くコースを紹介する。

浅間尾根登山口バス停で下車。バス停から来た道を少し戻り、浅間坂・浅間湯の看板を左折し橋を渡る。舗装路を上がり、浅間坂の大きな看板を目印に左折。右側のそば屋の店先には水場がある。このあたりから登山道となる。

民家の手前を道標沿いに進み、林道を横切る。さらに樹林を進みベンチをすぎる。しばらく上がると**数馬分岐**に出て、徐々に南の笹《ささ》尾根や、北の湯久保《ゆくぼ》尾根など周辺の山々を眺められるようになる。

尾根道となり、緩い登り下りをくり返しながら進む。サル石や一《いっ》本《ぽん》杉など、昔の人が目印としたところを抜け、朽ちた木の橋を注意してすぎると人里峠の分岐に出る。明るいカヤトの尾根に出ると北側の展望が開け、御《ご》前山《ぜんやま》から大岳山《おおだけさん》の稜線が眺められる。ここから道標に沿って上がると、木に「小《こ》

別名「雨乞いの滝」ともよばれ村民に崇拝されていた払沢の滝

■鉄道・バス
往路＝JR五日市線武蔵五日市駅から西東京バスで浅間尾根登山口へ。復路＝払沢の滝入口から西東京バスで武蔵五日市駅へ。

■マイカー
圏央道あきる野ICから都道7・33号で払沢の滝入口の無料駐車場（約20台）へ。浅間尾根登山口へはバスかタクシーで移動する。

■登山適期
4月中旬～5月初旬、山頂にサクラが咲く頃がとくにおすすめ。新緑や紅葉の頃も適している。11月中旬～下旬の紅葉狩りもよい。また冬の日だまり山行にも格好のコースだ。

■アドバイス
▽古街道というだけあって比較的穏やかで歩きやすいので、入門コースには最適である。
▽峠の分岐が多く各方面の里へ下りる道も整備されているため、所要時間によりさまざまな登山計画を組むことができる。また体調不良や悪天時などはエスケープルートとしても利用できる。
▽武蔵五日市からは数馬行きのほかに都民の森行きも利用できるが、後者は月曜や冬期などに運休日があるので注意。
▽帰途、夕刻になるとバスの本数は少なくなるので事前に確認を。本宿まで車道を下れば（徒歩20分弱）、数

古の道らしく、浅間尾根沿いには道祖神が置かれている

岩《いわ》浅間」と書かれた札がある場所に出る。ここが浅間嶺の山頂になるが、残念ながら展望はない。少し下ると浅間神社祠が、そのすぐ先にトイレと休憩所がある。

広場の左奥にある木の階段を上がり、**浅間嶺展望台**に行こう。展望台には立派な標識とベンチのほか桜並木があるので春は多くのハイカーでにぎわい、サクラ越しに見る山々はいっそう美しい。いったん**広場**に戻り、下山にかかる。

広場からは3方向に分岐するが、右の時坂峠《とつさか》方面へ下山するコースを行く。自然林と杉植林の整備された緩い坂道を下る。右側に水車が目印のそば屋をすぎるとまもなく登山道は終了し、舗装道に出る。かつては瀬戸沢《せとざわ》宿として創業された峠の茶屋をすぎてそのまま進むと、やがて舗装された林道は二股になる。ここから左の中峰《なかみね》平《だいら》林道に入る。この林道は一般車両通行止めの林業用道路で、歩行者は通行できる。急カーブで、場所によっては傾斜がある上、落石崩土などの注意看板があるので、急ぎ足で通過する。10分ほど行くと時坂峠の分岐である。

道標沿いに下るとまもなく時坂のトイレに出る。ここからは時坂の集落を見ながら歩く里道となり、先ほど分かれた舗装道と何度か合流をくり返して下ると、払沢の滝の無料駐車場に出る。

駐車場の先のトイレ前を右に行けば**払沢の滝入口の分岐**となり、バス停からの道と合流する。ここから**払沢の滝**まではよく整備された遊歩道で、往復30分ほどの行程だ。東京で唯一「日本の滝百選」に選ばれている、落差およそ60メートルの4段の滝である。滝見物でパワーをもらったら**入口の分岐**に戻り、5分ほどで**払沢の滝入口バス停**に着く。

（青木貴子）

馬方面から合流するバスもある。

▽山頂は広々としていて桜並木があるので、4月中旬以降～下旬はお花見山行も楽しい。

■問合せ先

檜原村産業環境課☎042・598・1011、檜原村観光協会☎042・598・0069、西東京バス五日市営業所☎042・596・1611、横川観光タクシー☎0120・489・083

■2万5000分ノ1地形図

猪丸・五日市

CHECK POINT

1 起点の浅間尾根登山口バス停。バスの進行方向反対車線側にトイレがある

2 数馬分岐で浅間尾根に出る。ベンチがあるので休憩にちょうどよい

3 人里の手前にある朽ちた木の橋。スリップによる滑落に注意すること

4 浅間嶺の山頂となる小岩浅間。最高点だが、展望もなくひっそりとしている

5 小岩浅間から下ると浅間神社の祠がある。手を合わせていこう

6 浅間嶺展望台からは奥多摩の山々や富士山まで一望

7 木橋を渡った先にある水車が回るそば屋(2021年に閉店となっている)

8 払沢の滝駐車場。マイカー利用の際はここに駐車し、バスかタクシーで登山口へ

＊コース図は102・103ページを参照。

28

アップダウンが大きい奥多摩南端の3つのピークを結ぶ

戸倉三山・今熊山

とくらさんざん
いまくまやま

842m（臼杵山）
505m

日帰り

歩行時間＝7時間50分
歩行距離＝15・2km

技術度
体力度

コース定数＝34	
標高差＝610m	
累積標高差	↗1499m ↘1533m

西方の時坂峠付近からの臼杵山

戸倉三山とは、秋川《あき》の支流・盆《ぼん》堀《ぼり》川の流域を取り囲む3つの山、臼杵山《うすきやま》と市道山《いちみちやま》、刈寄山《かりよせやま》を指す。かつてこの一帯が戸倉村であったため、こうよばれるようになった。

標高1000メートルに満たない低山ながら、静かな山歩きが楽しめる。意外にアップダウンがあるので、歩きがいのあるコースでもある。

元郷《もとごう》バス停の目の前が登山口だが、手前に100メートルほど戻ると観光協会があるので、ぜひ立ち寄りたい。歩行時間が長いので、ここでトイレを借りておくと安心だ。

沢沿いに堰堤を越え、樹林帯に入る。杉木立のジグザグな急登を20分ほど進むと、臼杵山からの尾根に出る。左に折れ尾根伝いに行くと放送用アンテナ設備があり、そこをすぎると祠と狛犬が鎮座する臼杵神社に出る。その先が臼杵山北峰《ほっぽう》だ。すぐ先で荷田子《にたご》峠からの道と合流し、5分ほど進むと富士《ふじ》山《さん》の展望がよい臼杵山**南峰**《なんぽう》に出る。

臼杵山・南峰山頂

市道山へは左手の急坂を下り、緩急の差が大きい登下降をくり返していく。やがて「オツネの半泣《はんなき》坂」と道標に書き込みがあるほどの急坂を登りきると、右手から笹平からの道と合流し、まもなく**市道山**山頂に着く。北東側の展望があり、次に目指す刈寄山が望める。

刈寄山へは左手の急坂を下り、「峰見《みねみ》通り」とよばれるアップダウンの多い尾根をたどる。途中には、日本山岳耐久レース10キロ地点の標柱がある。小ピークに建つ鉄塔をすぎると鳥切場《とっきりば》への分岐で、ここで左手に折れて進み尾根道と合流する。鉄塔の真下を進むとやがて

■鉄道・バス
往路＝JR五日市線武蔵五日市駅から西東京バスで元郷へ。
復路＝今熊山登山口から西東京バスで武蔵五日市駅、または京王電鉄京王線京王八王子駅へ。

■マイカー
縦走コースのためマイカーは不適。利用する場合は武蔵五日市駅周辺のコインパーキングに駐車して先述のバスを利用することになる。

■登山適期
一年を通じて登山ができるが、意外に時間のかかるコースなので、日が短くなる晩秋から冬の間は早朝の出発を心がけたい。夏場は標高が高くないので暑い。

■アドバイス
▽往路のバスは複数系統が利用できるので本数も多く便利。いっぽう、復路のバスは武蔵五日市駅行き・京王八王子駅行きのバスが利用できるが、本数が限られるので事前に時間を調べておくこと。
▽体調悪化や時間が遅くなった場合、刈寄山山頂手前から北面の道に入り、沢戸橋バス停に出て（約1時間20分）武蔵五日市駅に戻ることもできる（2025年11月まで通行禁止）。

■問合せ先
檜原村産業環境課☎042・598・1011、あきる野市観光まちづくり推進課☎042・558・11

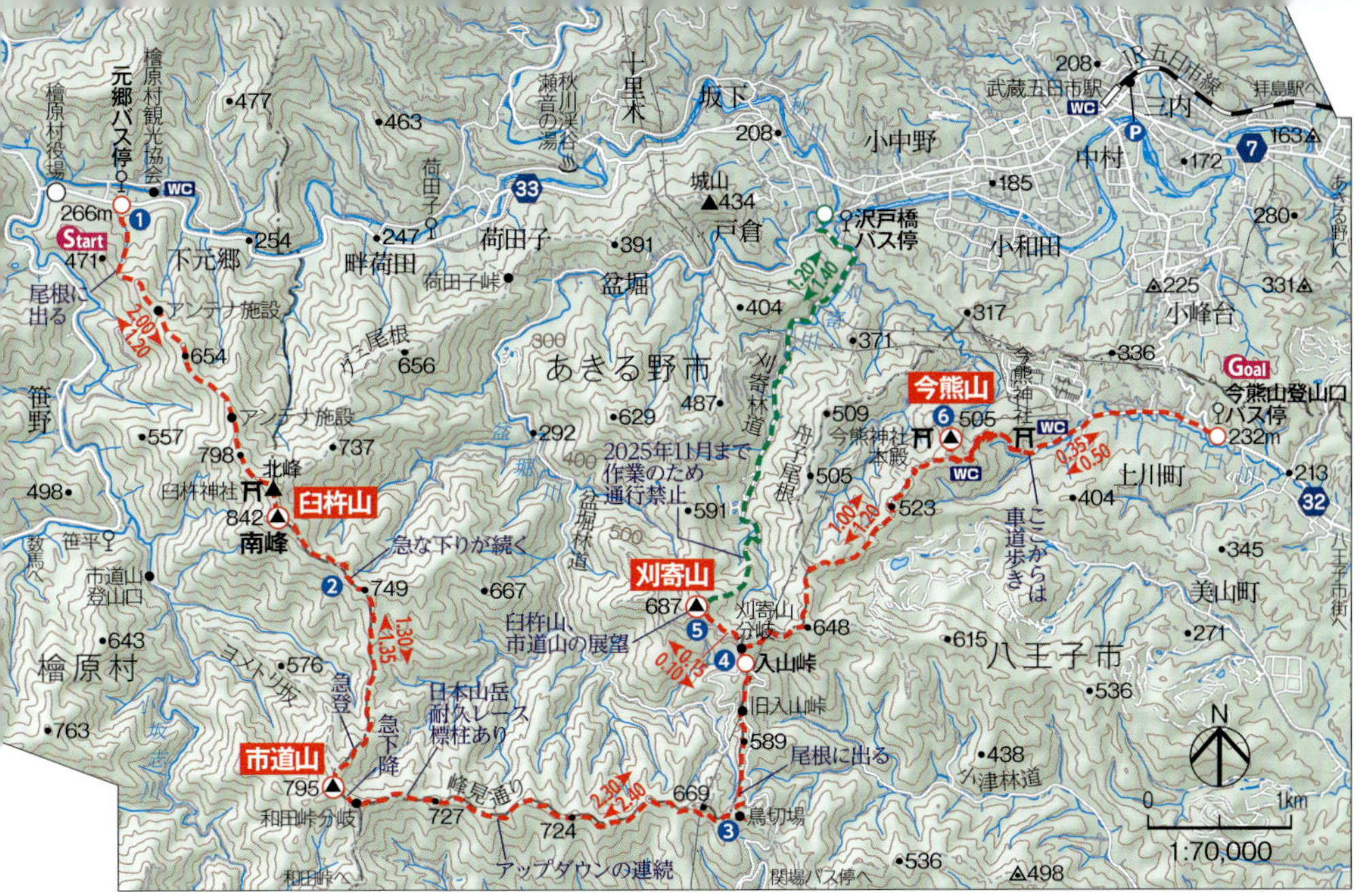

入山峠《いりやま》の車道に出る。

峠を横切り木立の中の登山道を進むと、刈寄山との分岐がある。左の登山道を進むとやがてあずまやのある**刈寄山**山頂に着く。南側の展望があり、たどってきた山稜を見わたすことができる。

分岐まで戻り、最後の今熊山を目指す。巻道を道標に沿って進むと、やがて今熊神社の石段下に着く。すぐ先の**今熊山**山頂には、今熊神社の本殿が建っている。

石段下に戻り、登山道を下りはじめるところに公共トイレがある。参道のつづら折りを下ると、麓の今熊神社にいたる。車道を10分ほど歩くと都道に出て、**今熊山登山口バス停**がある。

（小倉謙治）

11、西東京バス五日市営業所☎042・596・1611
■2万5000分ノ1地形図
五日市

市道山からの刈寄山の展望

CHECK POINT

1 元郷バス停で降りると目の前が登山口だ

2 臼杵山からは急な下りが続く。木の根混じりの岩場もあり要注意

3 鳥切場の分岐。入山峠へは90度左に折れる

4 入山峠で車道に合流する。車道を横切って再び山道へ

5 刈寄山の山頂下に建つあずまや。ひと休みしていこう

6 今熊山山頂にある今熊神社の本殿

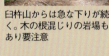

29 生藤山

サクラのプロムナードを歩き、新緑の山頂で富士の眺めを楽しむ

しょうとうさん
990m

日帰り

歩行時間＝5時間
歩行距離＝11.6km

技術度
体力度

コース定数	＝23
標高差	＝661m
累積標高差	↗1013m ↘1094m

生藤山山頂。西側に展望があり富士山がよく見える。ベンチがあり、落ち着いた感じの山頂だ

生藤山は東京都檜原《ひのはら》村と神奈川県相模原《さがみはら》市緑《みどり》区の境界にあり、サクラの山としても知られている。ここでは、山梨県側の石楯尾《いわだてお》神社から三国山《みくにやま》〜生藤山〜連行峰《れんぎょうほう》〜醍醐丸《だいごまる》〜高岩山《たかいわやま》を縦走し、陣馬《じんば》高原に下るロングコースを紹介する。

上野原《うえのはら》駅から井戸《いど》行きのバスに乗り**石楯尾神社前バス停**で下車。車道を渡り生藤山の道標にしたがい里道を進む。集落をすぎ大洞《おおぼら》橋手前で里道と分かれ、林道を進んでいく。杉木立の中に祠が見え、先ほど分かれた里道を横切ると本格的な登山道になる。

ベンチやテーブルがある甘草水分岐

杉林の中、緩やかなつづら折りの道で高度を上げていく。石仏をすぎると**佐野川峠**《さのがわ》に出る。左へ折れて幅広の尾根を登る。緩やかな尾根道は、開花時はサクラが美しい。右側に生藤山から陣馬山《さん》への稜線が見え、やがて富士山《ふじさん》の遠望と4月中旬頃にはサクラがみごとな**甘草水**《かんぞうすい》に着く。甘草水案内板に誘われて、2〜3分下った湧水場に行ってみる。日本武尊《やまとたけるのみこと》の東征の際、この山に兵を進めたものの水がなく苦しんだが、尊が鉾でひとつ岩をたたくと清水がコンコンと湧きだした。この湧水を甘草水とよぶようになったという

尾根に戻って先に進み、軍刀利《ぐんだり》神社分岐を経て穏やかに登ってい

■鉄道・バス

往路＝JR中央本線上野原駅から富士急バスで石楯尾神社前へ。復路＝陣馬高原下から西東京バスでJR中央本線・京王高尾線高尾駅へ。

■マイカー

縦走コースのためマイカーは不適。

■登山適期

4月中旬〜5月初旬。尾根がサクラのトンネルになる頃がとくにおすすめ。みずみずしい新緑も気持ちよい。

■アドバイス

▽本コースはロングコースのため、日が長い季節がおすすめ。穏やかな尾根にはサクラや新緑、山頂では富士山が見え、目を楽しませてくれる。アップダウンも多く、岩場があったり木の階段が続いたりと、バラエティーに富んだ山歩きが楽しめる。

▽途中、連行峰から北面の柏木野バス停へ下り、西東京バスでJR五日市線武蔵五日市駅へ、または連行峰の先の山の神から南面の和田バス停に下り、神奈中バス西でJR中央本線藤野駅に向かうプランもある。

■問合せ先

檜原村産業環境課☎042・598・1011、相模原市観光シティプロモーション課☎042・754・1111、富士急バス上野原営業所☎0554・63・1260、西東京バス恩方営業所☎042・650・6660

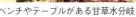

CHECK POINT

1 集落を抜けて里道と分かれ静かな林道へ進んでいく

2 鎌沢からの道と合流する佐野川峠。この先は尾根歩き

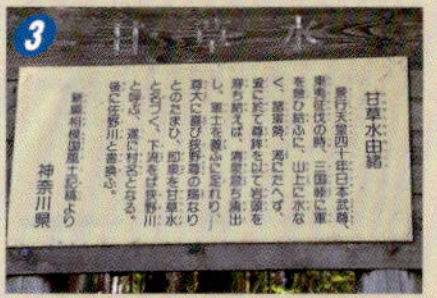

3 甘草水の案内板。涸れないとされる水は右に数分下る

4 富士山を望む三国山山頂。テーブルとイスなどがある

5 生藤山山頂の先は岩場の急下降となる

6 駐車場とトイレがある和田峠。ここからは車道歩き

＊コース図は110・111ページを参照。

サクラの花を愛でながら心地よい尾根歩きが楽しめる

茅丸を下り新緑の尾根道を連行峰へ進む

本コース最高点（1019メートル）・茅丸山頂

く。このあたりもサクラが美しい。巻道を分けて急登をこなすと「関東ふれあいの道・富士見《ふじみ》の道」コースの中ほどに位置する**三国山**に到着する。西側方面が開け、富士山をはじめ丹沢《たんざわ》方面が一望でき、南東方面は陣馬山も見える。

「関東ふれあいの道」は総延長1799キロの自然歩道。その案内板の前を通り、ゴツゴツした岩の尾根を少し登ると、あっという間に**生藤山**山頂に着く。雑木林に囲まれた狭い山頂だ。

生藤山からはすぐに急降下の岩場となるが、注意して慎重に下れば問題ない。その後は緩やかに進み、茅丸《かやまる》巻道分岐を経て階段状の尾根を登ると、このコースの最高峰（1019メートル）の茅丸山頂だ。階段状の道を下り、なだらかに高度を下げるとベンチと道標がある**連行峰**山頂に着く。

連行山から醍醐丸まではアップダウンも少なく、穏やかな尾根進んで**山《やま》の神《かみ》**にいたる。右に和田《わだ》バス停へ下る道を分けて直進すると醍醐丸への登りになる。市道山《いちみちやま》へ続く吊《つり》尾根を分ける**醍醐丸**は、特徴がないピークだ。

そのまま**醍醐峠**に進んで和田バス停へ下る道を分け、高岩山を経て下っていく。小さな祠をすぎ、階段状の道をいっきに下ると未舗装の醍醐林道に出る。右へ進むと茶屋のある**和田峠**だ。

その先は長い車道下りで**陣馬高原下《した》バス停**を目指す。

（秋山久江）

■2万5000分ノ1地形図
与瀬・五日市

写真協力＝渡邉明博

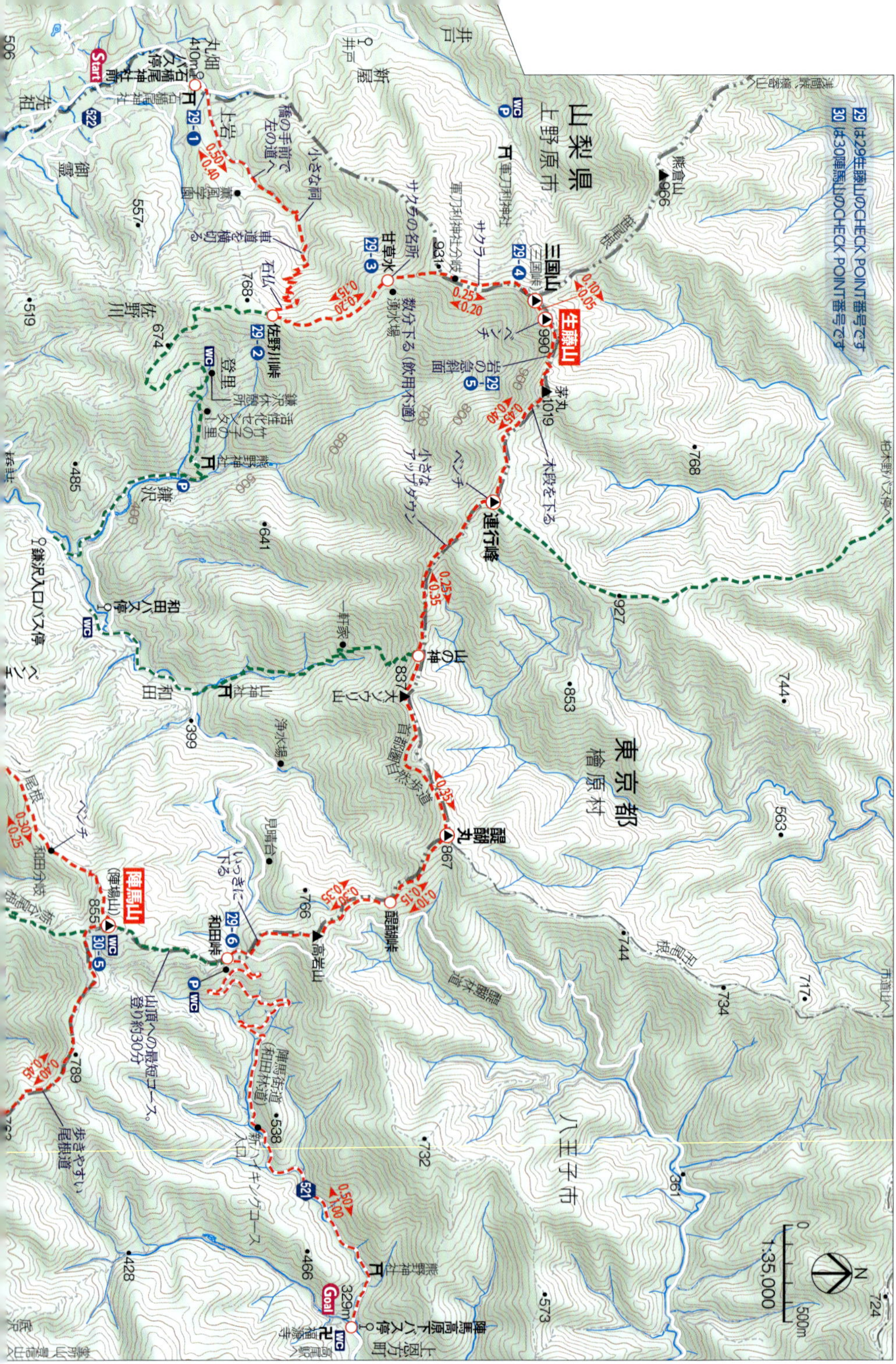
29は29生藤山のCHECK POINT番号です
30は30陣馬山のCHECK POINT番号です
山梨県
上野原市
東京都
檜原村
八王子市
Start
Goal
生藤山
三国山
茅丸
連行峰
山の神
醍醐丸
醍醐峠
和田峠
陣馬山
(陣場山)
佐野川峠
甘草水
サクラの名所
陣馬高原下バス停
和田バス停
鎌沢入口バス停
石楯尾神社前バス停
1:35,000
500m

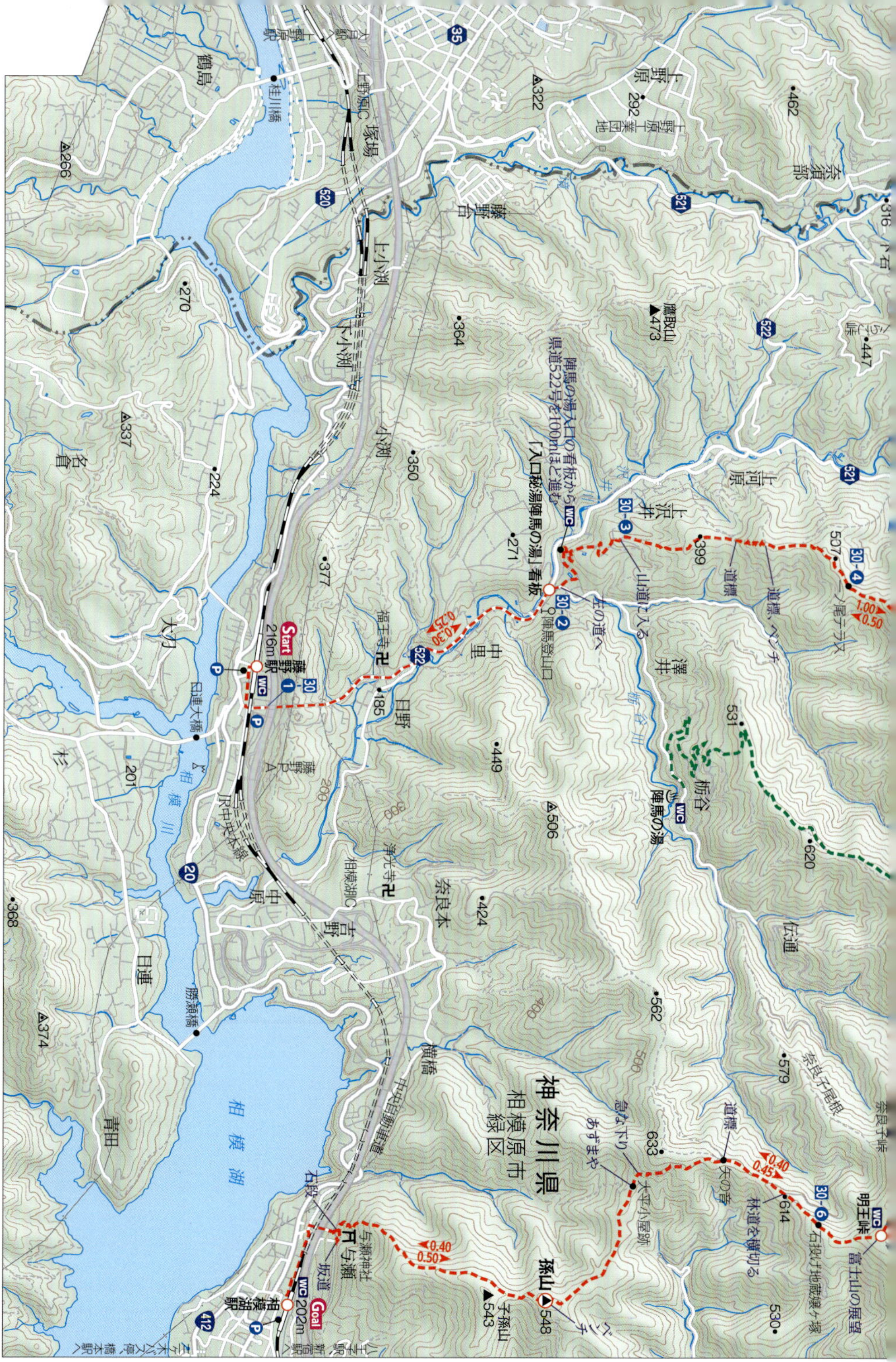
神奈川県
相模原市
緑区
相模湖
相模川
藤野駅
216m
Start
相模湖駅
202m
Goal
JR中央本線
中央自動車道
相模湖IC
藤野PA
上野原IC
鶴島
桂川橋
名倉
大刀
杉
日連
日連大橋
勝瀬橋
青田
上小渕
下小渕
小渕
吉野
中野
日野
中里
奈良本
沢井
上沢井
吉原
栃谷
伝通
鷹取山
473
陣馬の湯
陣馬登山口
陣馬の湯入口の看板から県道522号を100mほど進む
「入口秘湯陣馬の湯」看板
左の道へ
山道に入る
道標
道標、ベンチ
一ノ尾テラス
大平小屋跡
急な下り
あずまや
矢の音
林道を横切る
石投げ地蔵尊・塚
富士山の展望
明王峠
孫山
548
子孫山
543
与瀬神社
与瀬
坂道
石段
福王寺
浄光寺
奈良子尾根

30

なだらかな尾根を登り、白馬像が建つ頂からの大展望を楽しむ

陣馬山（陣場山）

じんばさん
855m

日帰り

歩行時間＝4時間
歩行距離＝13・2km

技術度
体力度

コース定数	＝22
標高差	＝653m
累積標高差	↗996m ↘1010m

↑陣馬山山頂。シンボルの白馬像が建っている

←明王峠の茶屋。ここで高尾山へと続く縦走路を分ける

東京都と神奈川県の都県境にそびえる陣馬山は、山頂の白馬の像で知られている。戦国時代に武田《たけだ》氏が陣を張った「陣場《じんば》」が山名の由来とされる。JR中央《ちゅうおう》本線藤《ふじ》野《の》駅から同線の相模湖《さがみこ》駅まで、バスの時刻を気にせず気ままにハイキングできるコースを紹介したい。

藤野駅を出て左（相模湖方面）に線路沿いの道を歩くと踏切に出る。線路を渡り、沢井《さわい》隧道内左側の歩道を歩いて道なりに行くと、沢井川に沿った道となり、約30分で陣馬登山口のバス停に着く。**「入口秘湯陣馬の湯」看板**を右に曲がるところに陣馬山登山口の石碑があり、その先に休憩できるスペースがある。この先の登山に備えて衣服を整え、パッキングし直して出発しよう。

一《いち》ノ尾根《おね》コースは道標を左に曲って舗装道路を上がっていき、変電設備を左に見ながら山道に入る。杉林と広葉樹が交互に現われ、

■鉄道・バス
往路＝JR中央本線藤野駅。当駅から神奈川中央交通バス西に乗車し陣馬登山口で下車すれば、30分ほど時間が短縮できる。ただし午前中は平日が2便、土・日曜、祝日は3便と少ない。
復路＝JR中央本線相模湖駅。

■マイカー
山頂へのアクセスは和田峠（有料駐車場・55台）からが最も近く、約30分で山頂に着ける。コース通りに歩く場合は藤野駅周辺の有料駐車場を利用し、下山後に鉄道で戻る。

■登山適期
4月下旬は、陣馬山頂から明王峠の尾根にサクラが開花。その後、新緑から秋の紅葉、冬の空気の澄んだ日の山岳展望のすばらしさなど、通年楽しめる。

■アドバイス
▽広い陣馬山の山頂からは富士山はもちろん、関東平野から丹沢、南アルプス、秩父、奥多摩、遠くは筑波山や房総半島まで360度の大パノラマを望むことができる。信玄茶屋、清水茶屋、富士見茶屋の3軒の茶屋がある。
▽山頂直下の分岐から南にのびる栃谷尾根コースで下山すれば、陣馬の湯で疲れを癒やすことできる。

■問合せ先
相模原市観光シティプロモーション

木々の間から山々がよく見える。一ノ尾根の中間地点に一ノ尾テラスがあり、ひと休みするのにちょうどよい。また、途中左側から陣馬街道からの山道が2本合流するが、それぞれ道標と**ベンチ**がある。

やがてバス終点の和田《わだ》からの山道と合流する。山頂直下は階段の登りで、茶屋が見えてきたらまもなく**陣馬山**の山頂に到着する。山頂には3軒の茶屋があるので、それぞれ景観の気に入った場所で一服していこう。

明王《みょうおう》峠へは高尾山《たかおさん》に続く縦走コースを進むが、スギだけでなく広葉樹の多い尾根道だ。春は鳥のさえずりや高尾山に18種類あるというスミレの一部も見られる。40分ほどで**明王峠**の茶屋に着くが、正面に富士山《ふじさん》が拝めるはずだ。

ひと休みしたら相模湖へは右の階段を下る。石投《いしな》げ地蔵嬢《じぞうじょう》ヶ塚《がつか》をすぎ、林道を横切る。その先は途中、奈良本《ならもと》方面の分岐を右に見て、まっすぐに下っていくと大平《おおひら》小屋跡に着く。比較的平坦な道を進み、**孫山**《まごやま》の山頂へは直登となるが立ち寄っていこう。

樹林の中のベンチでひと休みしたら与瀬《よせ》神社に下る。神社の石段は急なので、左側の坂道を下ってもいい。神社前の中央道上の広い道を渡り、左に線路沿いの細い道を行けば**相模湖駅**に着く。

（菊地弘幸）

(上)陣馬山頂からの富士山
(中)針葉樹林の中の孫山山頂
(下)与瀬神社からの石老山と相模湖

課☎042・754・1111、高尾ビジターセンター☎042・664・7872、神奈川中央交通西津久井営業所（バス）☎042・784・0661
■2万5000分ノ1地形図
与瀬

CHECK POINT

1 踏切先の沢井隧道。車に注意して歩く

2 陣馬山登山口の石碑。右に曲がるとその先に休憩できる広場がある

3 集落の外れから一ノ尾根の山道に入る

4 一ノ尾テラス。尾根のほぼ中間地点にあり、山頂まで残り2㌔

5 広い陣馬山の山頂。ゴールデンウィークは鯉のぼりが泳ぐ

6 石投げ地蔵嬢ヶ塚。姫の伝説がプレートに記載されている

＊コース図は110・111㌻を参照。

31

景信山

かげのぶやま
727m

渓流歩きと、関東平野を一望できる眺望が魅力の山

日帰り

歩行時間＝3時間20分
歩行距離＝7・5km

技術度 ★☆☆☆☆
体力度 ★☆☆☆☆

コース定数	＝13
標高差	＝483m
累積標高差	↗612m ↘567m

登山者でにぎわいを見せる景信山山頂。景信小屋と景信茶屋が建っている

景信山は、高尾山《たかおさん》から陣馬山《じんばさん》までの縦走路のほぼ中間に位置する、関東《かんとう》平野を一望できる眺望の山だ。ここでは旧甲州《こうしゅう》街道の裏《うら》高尾町から渓流の美しい小下沢《こげさわ》林道を経て景信山に登り、小仏峠《こぼとけ》から下山するコースを紹介する。

始点となる**大下《おおしも》バス停**で下車。来た道を5分ほど戻り、JR中央《ちゅうおう》本線のガード下手前を左に折れる。線路沿いを歩き、中央道の下を通り抜けると木下沢《こげさわ》梅林に突き当たる。ウメの花のシーズンともなると一帯にはふくよかな香りが漂い、季節の移り変わりを実感できる。

さらに進むと小下沢林道起点の看板があり、しばらくは沢沿いを歩く。新緑の頃は沢音とともに渓流の美しさが目にしみる。20分ほどで高尾の森作業小屋の**広場**に出る。ここは北《きた》高尾山稜と関場《せきば》峠、景信山への分岐点になっている。

左方向の景信山への登山道に入り、小さな木橋を渡る。すぐ先に水場があり、水分補給にはちょうどよい。

ここからは沢沿いの登山道を行

(上)山頂からの東面の眺望　(下)狸の置物が迎えてくれる小仏峠

■鉄道・バス
往路＝JR中央本線・京王電鉄高尾線高尾駅から京王バスで大下へ。
復路＝小仏から京王バスで高尾駅へ。

■マイカー
圏央道高尾山ICから国道20号、都道516号で小仏方面へ。日影沢林道および小仏バス停からの都道終点に駐車スペースはあるが、台数は少ない。高尾駅周辺のコインパーキングに駐車し、先述のバス利用の方が確実。

■登山適期
3月下旬から12月初旬。大下沢梅林のウメが咲く頃から、新緑、紅葉とそれぞれのシーズンでおすすめ。

■アドバイス
▽景信山は小仏から往復や高尾山からの縦走者が多いので小下沢林道を通る登山者は比較的少ないが、林道自体はよく整備され、静かな渓谷歩きを楽しめる。登山道はほとんど迷うところはないが、小下沢の上部で崩壊危険箇所が数箇所あるので、注意して通過しよう。
▽山頂から小仏峠へ下る南側は大勢の人が歩いている道なので、スリップしやすい。雨天時などは要注意。
▽景信山は高尾山から陣馬山までの縦走路の中間に位置するので、時間があればどちらかの縦走と組み合わせて計画することもおすすめだ。

■問合せ先

く。沢を離れるとつづら折りのコースとなり、高度を上げていく。

時おり周囲の山並みや八王子《はちおうじ》方面の展望が開けてくる。小仏バス停方面への分岐まで来ると、景信山の山頂は近い。傾斜が増し、登りきるとまもなく**景信山**山頂に着く。

山頂からは東側の関東平野を見わたすことができ、抜群の眺望だ。天気がよければ東京の街並みやスカイツリー、遠く筑波《つくば》山《さん》まで見わたせる。小屋と茶屋があり、多くの登山者でにぎわっている。少し下った茶屋のテラスからは、南側の高尾山の縦走路や相模《さがみ》湖、丹沢《たんざわ》の山並みを一望できる。名物の山菜の天ぷらやきのこ汁で腹ごしらえし、トイレを済ませ下山にかかる。

小仏峠へは、南の高尾山に続く尾根道をたどる。ゆったりとした道を40分弱で旧甲州街道の**小仏峠**に着く。ここは高尾山方面と相模湖、小仏バス停に下るコースの分岐点で、祀られた石地蔵と狸の置物が出迎えてくれる。

小仏バス停方面へは45分ほどの下りで、とくに危険な箇所はない。しかし、登山道と林道、車道とひたすら下るので、最後まで気を抜かずに歩こう。高尾駅へのバスの始発点である**小仏バス停**は変電所が目印だ。

（青木貴子）

八王子市観光課☎042・626・3111、高尾ビジターセンター☎042・664・7872、京王バス高尾営業所☎042・666・4607

■2万5000分ノ1地形図
高尾・陣馬

美しい渓流の小下沢。夏でも涼やかだ

CHECK POINT

1 まずは木下沢梅林を目印に中央本線の線路沿いを歩く

2 小下沢林道を離れ、登山道に入ると小さな木橋を渡る

3 景信山への登路の途中にある崩壊地。滑落に注意

4 景信山山頂の茶店で味わえる揚げたての山菜天ぷら

5 八王子方面の展望が開ける縦走路を小仏峠へ

6 終点の小仏バス停。土曜・休日はバスが増便される

32

日帰り

高尾山①

1号路～高尾山～相模湖駅

王道の1号路で山頂に立ち相模湖へ。東海自然歩道満喫コース

たかおさん
599m

歩行時間＝4時間52分
歩行距離＝11・1km

技術度
体力度

コース定数＝21
標高差＝540m
累積標高差 815m 808m

高尾山で最もにぎわいを見せるのがパワースポットでもある薬王院だ

金比羅台からの都心方面の眺め

高尾山口駅前の登山案内板

四季を通して多くのハイカーに親しまれている高尾山は、山頂へのコースが多彩だ。ケーブルカーやリフトを利用して行動範囲が広げられるのも魅力。ここでは、メインルートの1号路で山頂に立ち、縦走路を城山《しろやま》へ、東海《とうかい》自然歩道を神奈川県側の相模《さがみ》湖に下るコースを紹介する。豊かな自然と展望、起伏に富んだ山歩きを楽しもう。

高尾山口駅を出て右に5分ほど行くと、ケーブル清滝《きよたき》駅前の広場に出る。その右側から薬王院《やくおういん》への1号路へ（表参道《おもてさんどう》）を登っていく。左右に杉木立が続く車道は徐々に急になり、やがて右に大きくカーブして急登すると、金比羅台《こんぴらだい》の分岐がある。そのまま車道を進まずに、右手の山道を行く。階段を登りきれば、展望のよい**金比羅**

■鉄道・バス
往路＝京王電鉄高尾線高尾山口駅。復路＝JR中央本線相模湖駅。途中の千木良バス停から相模湖駅へ神奈中西バスが30分～1時間ほどの間隔で運行されている。高尾山口駅経由八王子駅行きの神奈中西バスもあるが、1日3便（うち平日の1本は高尾山口駅止まり）のみ。

■マイカー
中央道八王子ICから国道16・20号経由、または圏央道高尾山ICから国道20号経由で高尾山口駅へ。八王子市営山麓駐車場や高尾山薬王院祈祷殿駐車場のほか、混雑時は地元の私有地を駐車場として貸し出していることもある。料金は平日800円、土・日曜、祝日は1000円前後。

■登山適期
四季を問わないが、約40種ものスミレが花を咲かせる早春、ヤマザクラがみごとな春、紅葉が美しい秋がとくにおすすめ。

■アドバイス
▽1号路は舗装道がほとんどだが、高尾山頂から先は山道歩きとなるので、軽登山靴などの装備が必要。
▽何本ものルートが入り交じる山だけに、コース中にはわかりやすい標識が完備されている。その都度チェックし、違うルートへ進まないようにしよう。

■問合せ先

↑城山からの下りにはオブジェのような木が立っている

←城山からは高尾山の全容が見える

台へ着く。眼下に八王子《はちおうじ》市街や都心方面が見わたせる。

再び車道に戻り、緩く登っていく。左のリフト山上《さんじょう》駅をすぎれば、展望台があるケーブル**高尾山駅**と、霞台《かすみだい》に着く。ベンチに並んで双眼鏡が置かれたビュースポットだ。

しばらく平坦な道を、左に十一丁目茶屋やさる園・野草園、たこ杉を見て進み、**浄心門**《じょうしんもん》をくぐる。

やがて108段の階段が続く男《おとこ》坂と、緩く登っていく女《おんな》坂に分かれるが、すぐ上で合流する。さらに参道を進めば、**薬王院**に到着だ。

参拝をすませ、本堂左側の石段を登り権現《ごんげん》堂、さらに右奥の急な石段を登り奥《おく》の院《いん》に出る。木道を進み、やがて山小屋のようなトイレが見えてきたら、山頂はすぐだ。

広々とした**高尾山**の山頂には、ビジターセンターや茶屋、あずまやが並ぶ。奥の展望台からは富士山《ふじさん》や丹沢《たんざわ》の山々が一望でき、常に多くの登山者でにぎわっている。

展望を楽しんだら、城山へ向かう。展望台の右側から石段を下り、5号路と巻道を分け直進する。茶屋とベンチがある**もみじ台**をすぎ、丸太階段が続く広い尾根道を下る。やがて左に大垂水《おおだるみ》峠への道を分け、鉄塔の横をすぎるとサクラの名所、**一丁平《いっちょうだいら》園地**に着く。もうひと登りしたところには展望デッキがあり、丹沢方面の眺めが楽しめる。

名前通り紅葉に彩られるもみじ台

さらに尾根道を進み、再び大垂水峠への道を分け、城山の山頂直下で二股になるが、ここは左の尾根道を入る。電波塔の横を通り、いま一度大垂水峠への道を合わせれば、**城山**山頂へ到着する。広い山頂は展望が開け、関東《かんとう》平野や相模湖、富士山などが望める。大きな茶屋を囲むようにテーブルとイスが置かれているので、名物のな

八王子市観光課☎042・626・3111、高尾ビジターセンター☎042・664・7872、高尾山口観光案内所☎042・673・3461、高尾登山電鉄（ケーブルカー・リフト）☎042・661・4151、神奈川中央交通西（バス）☎042・784・0661

■2万5000分ノ1地形図
八王子・与瀬

CHECK POINT

1 清滝駅前の広場。金比羅台へは写真の右手の道へ

2 歩きはじめから1時間強でケーブル高尾山駅に着く

3 3号路と4号路との交点・浄心門は、薬王院の参道入口とされている

4 高尾山山頂のビジターセンター。ぜひ立ち寄りたい

5 城山へは丸太の階段がつけられた尾根道をたどる

6 一丁平園地から5分ほど行くと展望デッキがある

7 2軒の茶屋がある城山山頂。下りに備え休憩しよう

8 城山からの下りの最後はつづら折りの急下降が続く

9 急斜面を下り終えると富士見茶屋にたどり着く

10 国道20号から下るとトイレがある。弁天橋へは右へ

11 橋長72メートルの弁天橋は東海自然歩道として利用される

12 養護学校の前を通り、その先の広い車道を右に進む

＊コース図は119、120・121ページを参照。

富士山も見える高尾山山頂の展望台

相模湖に架かる相模湖大橋

めこ汁を味わっていこう。

ゆっくり休んだら、東海自然歩道を相模湖方面へと下る。丸太階段と、やや岩がゴロゴロした樹林帯をジグザグに下っていくと、やがて眼下に集落が見えてくる。下り着いたところに**富士見《ふじみ》茶屋**があり、すぐ先の道標を右折すれば国道20号に出る。斜め右に神奈中バスの**千木良《ちぎら》バス停**があり、相模湖駅に出ることができる。

信号を渡り、向かいのそば店の右を入り、道標にしたがって進む。千木良公衆トイレの前を右折し、狭い道を入れば眼下に弁天《べんてん》橋が見えてくる。道なりに下っていき、この橋を渡る。公衆トイレを左に階段を登りきると、養護学校の前に出る。すぐ先の車道を右折して進み、**嵐山《あらしやま》の登山口**を左に見てその先で相模ダム上の築井《つくい》大橋を渡る。斜め右の階段を上がったら右折し、道なりに進むと国道20号と合流する。駅前交差点を右折すれば、**相模湖駅**に到着だ。

（文＝高梨智子、写真＝渡邉明博）

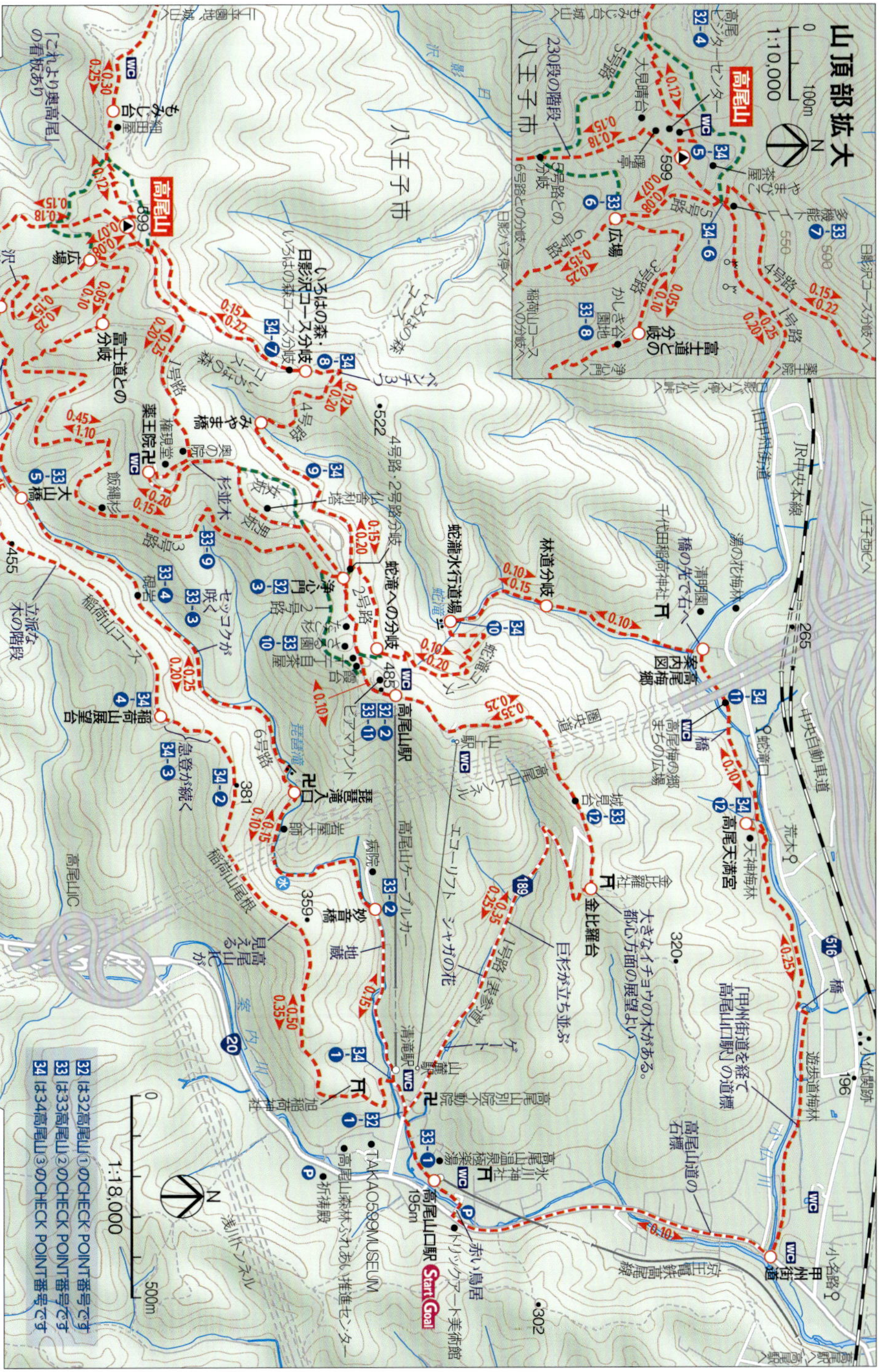

山頂部拡大
1:10,000
高尾山
599
八王子市
4号路
1号路
5号路
6号路
3号路
2号路
稲荷山コース
稲荷山
稲荷山展望台
富士道との分岐
いろはの森・日影沢コース分岐
みやま橋
薬王院
浄心門
蛇滝への分岐
蛇滝水行道場
林道分岐
金比羅台
高尾山駅
高尾山ケーブルカー
エコーリフト
山上駅
清滝駅
琵琶滝
病院
妙音橋
高尾山口駅
TAKAO599MUSEUM
甲州街道
中央自動車道
JR中央本線
京王高尾線
高尾梅の郷
蛇滝口
高尾天満宮
八王子西ICへ
高尾山IC
相模原ICへ
1:18,000
32 は32高尾山①のCHECK POINT番号です
33 は33高尾山②のCHECK POINT番号です
34 は34高尾山③のCHECK POINT番号です

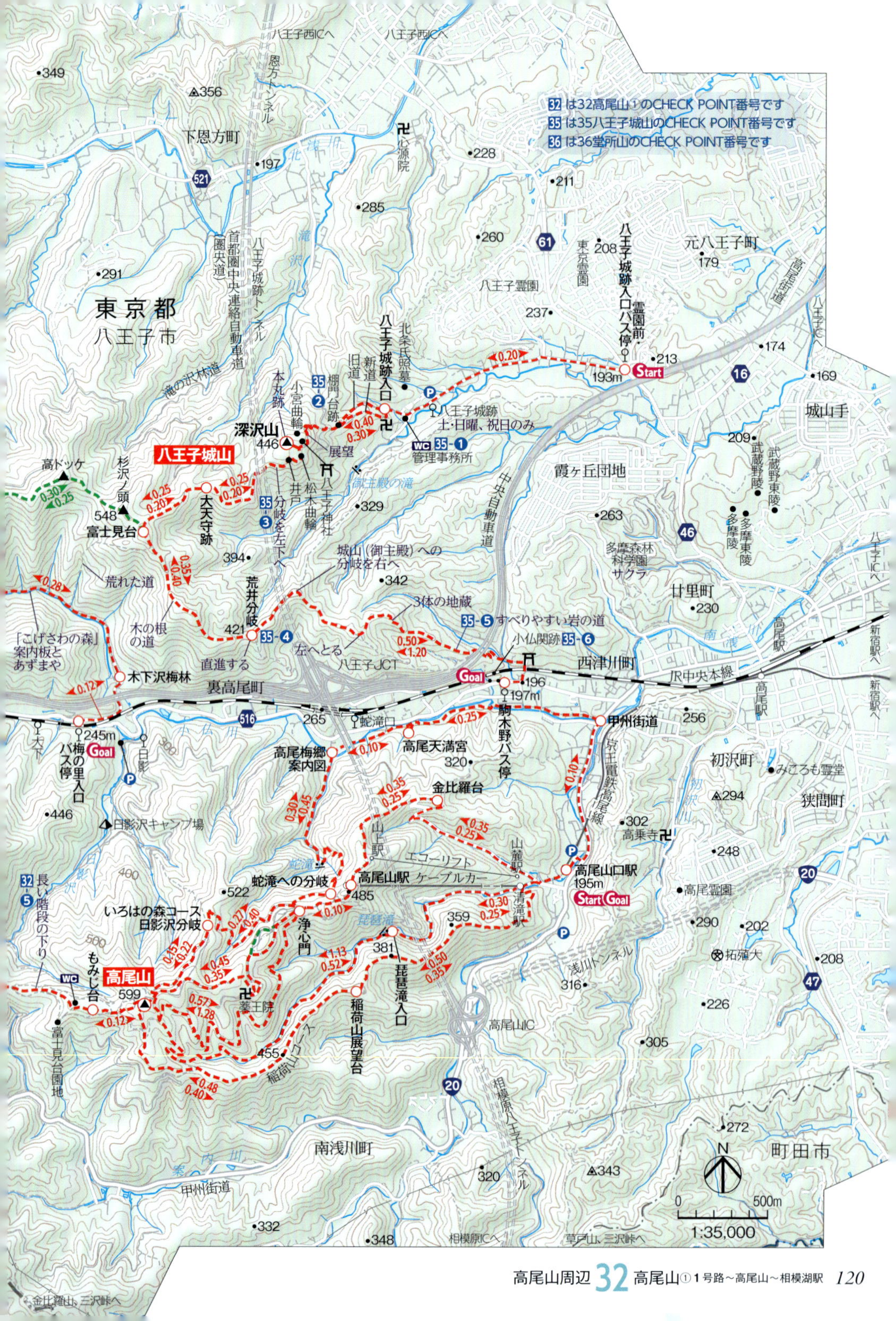
32 は32高尾山①のCHECK POINT番号です
35 は35八王子城山のCHECK POINT番号です
36 は36堂所山のCHECK POINT番号です
東京都
八王子市
八王子西ICへ
八王子西ICへ
恩方トンネル
下恩方町
心源院
首都圏中央連絡自動車道（圏央道）
八王子城跡トンネル
元八王子町
東京霊園
八王子霊園
八王子城跡入口バス停
霊園前・
Start
193m
高尾街道
八王子ICへ
城山手
滝の沢林道
北条氏照墓
八王子城跡入口
棚門台跡
旧道
新道
本丸跡
小宮曲輪
深沢山
446
八王子城山
展望
八王子神社
松木曲輪
井戸
大天守跡
分岐を左下へ
八王子城跡
土・日曜、祝日のみ
管理事務所
御主殿の滝
中央自動車道
霞ヶ丘団地
武蔵野陵
武蔵野東陵
多摩陵
多摩東陵
多摩森林科学園
サクラ
高ドッケ
杉沢ノ頭
548
富士見台
荒れた道
木の根の道
荒井分岐
421
直進する
城山（御主殿）への分岐を右へ
3体の地蔵
すべりやすい岩の道
小仏関跡
左へとる
八王子JCT
「こげさわの森」案内板とあずまや
木下沢梅林
裏高尾町
Goal
196
197m
駒木野バス停
西津川町
JR中央本線
高尾駅
新宿駅へ
廿里町
大下
梅の里入口バス停
245m
Goal
日影
蛇滝口
高尾梅郷案内図
高尾天満宮
甲州街道
京王電鉄高尾線
初沢町
みころも霊堂
狭間町
金比羅台
日影沢キャンプ場
高乗寺
山上駅
エコーリフト
ケーブルカー
山麓駅
高尾山口駅
195m
Start Goal
高尾霊園
長い階段の下り
蛇滝への分岐
高尾山駅
485
清滝駅
いろはの森コース
日影沢分岐
浄心門
琵琶滝
359
381
浅川トンネル
拓殖大
もみじ台
高尾山
599
薬王院
稲荷山展望台
琵琶滝入口
高尾山IC
富士見台園地
455
稲荷山コース
相模原八王子トンネル
南浅川町
甲州街道
相模原ICへ
草戸山、三沢峠へ
金比羅山、三沢峠へ
町田市
N
0
500m
1:35,000

上恩方町
陣馬街道
夕焼小焼バス停
夕やけ小やけふれあいの里
陣馬高原下バス停
329m
Start
熊野神社
福源寺
明王林道
辻野養魚場
和田峠・陣馬山へ
奈良子峠
底沢峠分岐
428
登山口
防火用水と曲がった木
保健保安林の看板
左手斜面と木の根に注意
底沢峠
721
明王峠
陣馬山・奈良子峠
ベンチ
堂所山
731
堂所山・景信山分岐
前方に生藤山
この間急な下り
586
関場峠
送電線下。春はオタマジャクシ
三本松山
611
北高尾山稜
逆沢林道
白沢峠
673
首都圏自然歩道
広場
落葉時に見られる滝あり
アップダウンのある尾根道
696
黒ドッケ
松ノ丸
612
浩宮殿下誕生記念植林地碑
狐塚峠
林道と登山道が交錯する
小下沢キャンプ場跡
ゲート
小下沢林道
東尾根
駐車スペース。春はスミレやニリンソウが咲いている
景信山
727
関東ふれあいの道
671
神奈川県
相模原市
緑区
底沢
美女谷温泉
小仏トンネル
旧甲州街道
宝珠寺
小仏バス停
小仏峠
548
展望よい。茶店あり
日影沢林道
(小仏城山) 城山
670
サクラの名所
一丁平園地
展望デッキ
送電鉄塔
東海自然歩道
緩やかな下り
ベンチのある広場
大平林道
大垂水峠バス停
大垂水峠
南高尾山稜
この先は急な下り
富士見茶屋
367
462
千木良バス停
千木良
小原
小原宿本陣
弁天橋
相模湖東IC
養護学校
相模ダム
斜め右の階段へ
嵐山登山口
築井大橋を渡る
相模湖大橋
相模湖駅
202m
Goal
相模湖交流センター
県立相模湖公園
相模湖
嵐山
406
桂北
与瀬
与瀬神社
相模湖ICへ
藤野駅へ
孫山
543
中村
奥畑
柳馬場
相模川
橋本駅へ
大洞山
536

33

高尾山②

自然の宝庫、誰もが親しむミシュラン選定の山

琵琶滝コース～高尾山～3号路

たかおさん 599m

日帰り

歩行時間＝3時間40分
歩行距離＝8・6km

技術度

体力度

コース定数＝**16**

標高差＝404m

累積標高差 653m 653m

さすが三ツ星！高尾山頂のにぎわいは日本一だ

浄心門で1号路に合流する

都会のオアシスともよべる高尾山は、ビギナーからベテランまで、年間を通して多くのハイカーに愛されている山である。山頂にいたるコースも実にバラエティーに富んでおり、体力や季節に応じて自由に組み合わせて楽しめる。なかでも「森と水」をテーマにしている6号路・琵琶《びわ》滝コースは、山頂直下まで沢音を聞きながら登っていく、気持ちのよいコースだ。山頂からは山腹道の3号路で、メインコースの1号路へ向かう。

高尾山口駅を右に行くとケーブルカーの清滝《きよたき》駅があり、左側の車道を進んでいく。お地蔵様が立ち並ぶところをすぎると**妙音《みょうおん》橋**がある。ここが6号路の入口だ。

車道を離れ登山道を進むと、右手下に岩屋大師《いわやだいし》が見える。さらに足を進めると、**琵琶滝入口**の分岐に着く。右前方には琵琶滝不動《ふどう》が建ち、コース名にもなっている琵琶滝が望める。ここでは水行《すいぎょう》道場の場として心身を清める「瀧行《たきぎょう》」が行われ立入禁止になっていて、滝のそばに寄れないのが残念だ。

■鉄道・バス
往路・復路＝京王電鉄高尾線高尾山口駅。

■マイカー
高尾山口駅へは、116㌻「高尾山①」を参照。

■登山適期
サクラの春と紅葉の秋がベストには違いないが、四季を通して楽しめるのが高尾山のすばらしさだ。売店や観光スポットも多く見どころ満載で、コースを変え、季節を変えて楽しみたい。夏の高尾山ビアマウントとの組み合わせも捨てがたい。冬期の降雪直後も登れるが、軽アイゼンやストックが必要。

■アドバイス
▽マイカー利用の場合は高尾山口駅に公共駐車場があるが、ハイシーズンは早めに着かないと満車になってしまうので意識したい。
▽中腹までケーブルカー（所要6分）やエコーリフト（所要12分）を使えば、時間短縮できるぶんだけ行動範囲が広がる。
▽琵琶滝コースの紅葉シーズンは、一方通行になる期間があるので、事前に高尾ビジターセンターなどに確認しておきたい。

■問合せ先
八王子市観光課☎042・626・3111、高尾山ビジターセンター☎042・664・7872、高尾

水行道場として一般信徒に開放されている琵琶滝

なお、不動横から登っていく道は、1号路の霞台《かすみだい》に通じる道である。

滝を見たら分岐に戻り、再び6号路を進む。琵琶滝を高巻くように進むと再び沢に近づき、緩やかな登りが続く。しばらく歩くと大きなスギの木が目立つようになる。開花期ならば、白い花のセッコクが見られるところだ。

稲荷山コースへの分岐点。6号路は直進する

さらに進むと粘板岩が露出した硯《すずり》岩があり、その先に**大山橋**《おおやま》が架かっている。橋を渡ったところにベンチが置かれている。大山橋からは沢の左岸沿いを行くようになる。途中、橋を2度ほど渡って進むと、**稲荷山《いなりやま》コースへの分岐**に出る。直進が6号路だ。ここから様相が変わって沢登りルートとなり、沢の源流部を飛び石伝いに登っていく。

やがて沢が詰まり、Uターンするように進んで沢から離れる。急な斜面を登っていくと尾根に出る。丸太の長い階段を上がるとベンチが置かれている**広場**に出て、3号路と5号路に合流する。北側の舗装された山道を直進すれば、山頂直下に建つトイレ前の1号路に出る。ここを左に行けば**高尾山山頂**だ。「十三州《じゅうさんしゅう》大見晴台《おおみはらしだい》」と称される山頂からは、富士山《ふじさん》から都心まですばらしい展望が楽しめる。ビジターセンターや数軒の茶店もあり、いつも多くのハイカーでにぎわっている。

6号路の沢の源頭部を行く

下山は3号路をたどる。先ほどの**広場**まで戻り、左の3号路に入るとすぐにかしき谷《だに》園地がある。3号路は薬王院《やくおういん》下の南面をトラバースしながら進むので、時おり太鼓の音が聞こえる。「高尾山の植物」と題したこのコースは、高尾特有の植物が観察できる。

しばらく歩くと右側が開け、V字谷の向こうに都心が見える。次の分岐を左に進めば、メインストリートである1号路の**浄心門**《じょうしんもん》に出る。ハイカーや観光客でにぎわう1号路をたこ杉、さる園、霞台と進めば、展望台のあるケーブルカーの**高尾山駅**に着く。小休止をして、石畳の道をさらに下っていく。途中で**金比羅台**《こんぴらだい》に寄り、都心方面の最後の展望を楽しもう。

1号路は人の往来が絶えないルート。とくに春のサクラとシャガの花はきれいである。やがて朝スタートした清滝駅前に戻ってくる。**高尾山口駅**はもうすぐだ。

（渡邉明博）

山口観光案内所☎042・673・3461、高尾登山電鉄（ケーブルカー・リフト）☎042・661・4151

■2万5000分ノ1地形図
八王子

＊コース図は119、120・121ページを参照。

高尾山山頂からの相模湾方面の眺め。遠く江の島が見える

樹齢450年を誇るたこ杉は足を止める人気スポットとなっている

6号路に並ぶお地蔵様

1号路に咲くシャガの花

CHECK POINT

1

高尾山口駅。高尾山の杉並木をイメージした和の空間をもつ駅舎になった

2

妙音橋のたもとにある6号路の入口。大きな看板が目印

3

硯岩の手前にはセッコクが咲いている場所がある

4

硯岩。正式名は粘板岩で、磨くと碁石や硯になるので硯岩とよばれている

5

大山橋を渡るとベンチもある広場になっている

6

3号路と5号路の合流点となる広場。まっすぐ進んで5号路へ

7

山頂直下にあるトイレ。ここで1号路と合流。山頂へはわずか

8

3号路に入るとすぐに、かしき谷園地がある

9

3号路途中からはV字谷構図で都心が望める

10

さる園は野草園と併設されており、家族連れに人気がある

11

ケーブルカー高尾山駅裏の展望台からは東京都心が見わたせる

12

1号路の表参道にある城見台。城は北側の八王子城山を指す

34

明るい尾根道から落葉広葉樹の森の中の吊橋、そして梅の郷へ

高尾山③

稲荷山尾根～高尾山～高尾梅郷

たかおさん
599m

日帰り

歩行時間＝3時間35分
歩行距離＝9・5km

技術度 ■□□□□
体力度 ■□□□□

コース定数	＝**16**
標高差	＝419m
累積標高差	↗642m ↘642m

秋のみやま橋(吊橋)。4号路のハイライトのひとつ

高尾梅郷の入口。ここから川沿いにウメを愛でながらの散策路が続く

高尾山と沢を挟んで対峙する稲《いな》荷山《りやま》尾根。そこにのびる稲荷山コースは、四季折々で魅力ある本格的な山登りが楽しめる。ここでは稲荷山コースで山頂に立ち、豊かな自然が残る4号路を経て蛇滝《じゃたき》コースを下る、昔からの高尾山修験道を感じ、都会の喧騒から離れた山歩きができるコースを紹介する。

高尾山口駅からケーブルカー清《きよ》滝《たき》駅方面に歩いていくと、駅手前の左手に稲荷山登山口がある。小さな橋を渡ると、すぐに階段状の登りがはじまる。清滝駅を眼下に5分ほど登ると旭《あさひ》稲荷神社だ。ここからは明るい尾根道が続く。木の根や岩に足もとを注意しながら歩いていく。所々に高尾の自然についての看板がある。自然観察しながら進むと、より楽しめる。

木の階段が続き、巻道との分岐をすぎると**稲荷山展望台**だ。八王《はちおう》子《じ》市街に新宿《しんじゅく》や池袋《いけぶくろ》のビル群、空気の澄んでいる冬場には、遠く江の島まで見えることもある。

ここからは広い道を少し下り、平坦地や少々の登りをくり返していく。立派な木の階段があり、そこをすぎるとまもなく明るく広い場所に出る。その先は木の階段のアップダウンを行くと、左手の樹間に富士山《ふじさん》が見える。

ベンチが2つ見えてくると、**6号路との分岐**だ。ここを直進し、山肌を回りこむように緩やかに登っていく。たくさんのベンチが置かれたやや広い場所があり、すぐに先が5号路との四叉路だ。目の前の整備された230段あまりの階段で**高尾山**山頂へ。

富士山などの景色を楽しんだら4号路へ進もう。トイレ左手にある石の階段が4号路の入口だが、

高尾山山頂手前の230段もの階段

＊コース図は119、120・121ジペを参照。

高尾山山頂からの富士山と大室山（左）。右下に相模湖プレジャーランドの観覧車が見える

←コース中の山野草。
（左上）アズマイチゲ
（右上）ヤマエンゴサク
（左下）キバナノアマナ

→紅葉が美しい高尾山。下には蛇瀧水行道場が見える

すべりやすいので注意して下る。いろはの森コースとの分岐には、大きなカヤの木の下にベンチがある。そのすぐ先に**いろはの森・日《ひ》影沢《かげさわ》コースとの分岐**があり、吊橋経由高尾山口方面へ進む。

大きく右に回りこんで下っていき、平らになるとまもなく吊橋（**みやま橋**）が見えてくる。吊橋を渡り、山肌を横切るように進むと、**蛇滝への分岐**に着く。階段を降り、さらに下って頭上にケーブルカーの高尾山駅があるところをすぎ、落葉広葉樹の中をジグザグに下降する。

やがて沢の音が聞こえてくると、**蛇瀧水行《すいぎょう》道場**の建物が見えてくる。静かに沢の音を聞き、修験者の思いに心よせながら、舗装された道を下っていく。小仏川に架かる橋を渡るとすぐ右手に**高尾梅郷の案内図**があり、梅林に入っていく。

開花期にはウメの花に包まれる道を、小仏《こぼとけ》川沿いに歩く。圏央《けんおう》道下の広場を抜け、また橋を渡って少し進むと小高くなった一帯にウメの木があり、**高尾天満宮**が建っている。

この先も絶滅寸前の野草を踏みつけないよう注意しながら、小仏川に沿って高尾梅郷遊歩道を歩いていく。**甲州《こうしゅう》街道**（国道20号）まで出て右手に上椚田橋を渡り、しばらく進むと**高尾山口駅**だ。

（楠田英子）

■鉄道・バス
往路・復路＝京王電鉄高尾線高尾山口駅。

新宿から約1時間、起点の高尾山口駅。近くには温泉や博物館など登山以外でも楽しめる施設がある

■マイカー
高尾山口駅へは、116㌻「高尾山①」を参照。

■登山適期
季節を問わず四季折々で楽しめるが、新緑やサクラ、紅葉シーズンは大変混雑する。

■アドバイス
▽登山道はよく整備されているが、登山者が多いため、雨後などにはぬかるんでしまう箇所も多いので注意。
▽高尾山には多数のコースがあるた

稲荷山展望台からの都心方面の眺め

旭稲荷神社。稲荷山の名前の由来となった神社だ

CHECK POINT

1 高尾山口駅から約5分、清滝駅の手前に稲荷山コースの登山口がある

2 コース下部は木の根が張り出した箇所がある。気を付けて登っていこう

3 稲荷山手前の木の階段。稲荷山コースは要所に木段が設置されている

4 すばらしい景観が広がる稲荷山展望台。あずまやでひと休みしていこう

5 高尾山山頂標には「明治の森高尾国定公園、599.15 ﾒｰﾄﾙ」と記されている

6 山頂から1号路を数分下ると4号路の入口がある。下りはじめはすべりやすい

7 4号路といろはの森コースとの分岐。ベンチと大きなカヤの木がある

8 7のすぐ先で4号路といろはの森・日影沢コースとの分岐に出る

9 吊橋（みやま橋）を渡ったあとは、山肌を横切るように進む

10 全国から多くの人か滝行に来るという蛇瀧水行道場

11 高尾梅の郷まちの広場に建つ石碑。広場にはトイレもある

12 藤原道真が祀られた高尾天満宮。学業成就・交通安全を祈願する人が多い

め、道標をよく確認して進むこと。

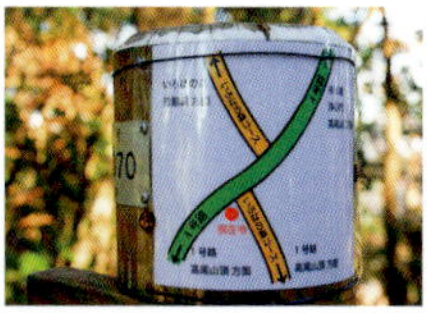

地図が記載されている道標や、現在地がわかるQRコードがつけられた道標もある

▽春の高尾梅郷遊歩道ではウメにはじまり、稀少種の野草が見られる。

▽蛇滝口に下山後は、蛇滝口バス停から京王バスでJR中央本線、京王電鉄高尾線高尾駅に行く方法もある。

▽高尾山口駅に隣接して、日帰り入浴の京王高尾温泉極楽湯（入浴料1100円・時期により1300円）がある。

▽トイレは高尾山口駅や清滝駅、高尾山ビジターセンター隣、4号路と1号路の分岐、高尾梅の郷まちの広場など各所にある。

■問合せ先

八王子市観光課☎042・626・3111、高尾ビジターセンター☎042・664・7872、高尾山口観光案内所☎042・673・3461、高尾登山電鉄（ケーブルカー・リフト）☎042・661・4151、京王バス高尾営業所☎042・666・4607

■2万5000分ノ1地形図

八王子

35

八王子城山

戦国時代の北条氏の名城跡で、春のサクラと富士山を楽しむ

はちおうじしろやま
446m（深沢山）

日帰り

歩行時間＝3時間15分
歩行距離＝6・7km

技術度

体力度

コース定数＝**13**

標高差＝339m

累積標高差 549m 545m

↑本丸跡の深沢山（城山）山頂。本丸跡の石碑と小祠が建っている。樹林に囲まれ展望は利かない

→富士見台からの木の根が張り出した登り。スリップに注意しよう

八王子城山には、戦国時代の武将・前田利家《まえだとしいえ》に名城と言わしめた山城の遺構が現在も残っている。近くの高尾山《たかおさん》とはひと味違った、四季を通して静かな、かつ歴史を感じながらの山歩きができる。

高尾駅北口からバスで、中央道《ちゅうおう》下の**霊園《れいえん》前・八王子城跡《じょうせき》入口バス停**へ。20分ほどで登山口となる**八王子城跡の入口**に着く。管理事務所で登山の準備をして出発する。木立の中に鳥居があり、登山道がはじまる。すぐに道は2つに分かれ、直進は細い道の旧道、左手は広い新道だ。旧道を行く場合は枯れ枝が多く、上に注意しながら歩こう。

八合目の棚門台跡で新旧の道が出合うと緩やかな道に変わり、展望が開け八王子市内や都内が望める。ひと歩きで頂上広場に出ると

■鉄道・バス
往路＝JR中央本線・京王電鉄高尾線高尾駅から西東京バスで霊園前・八王子城跡入口へ。土・日曜、祝日は登山口手前の八王子城跡まで同バスが運行されている。
復路＝駒木野から京王バス南で高尾駅へ。

■マイカー
八王子城跡バス停前に駐車場があるが、最盛期は駐車場の確保は難しい。高尾駅周辺のコインパーキングなどに車を停め、バスで移動する方がよい。

■登山適期
通年で楽しめるが、新緑や紅葉の頃がよい。夏は樹木で覆われ日陰を歩けるが、蒸し暑さは避けられない。

■アドバイス
▽コースは短いが、小さい登り下りをくり返し、意外ときつい。また、富士見台から駒木野バス停までは脇道が数箇所あるので、道標を確認しながら下るようにしよう。
▽八王子城跡入口にある管理事務所にはボランティアガイドがおり、気軽に問合せができる。また、御主殿跡のガイドも行っているので、時間があれば御主殿跡の散策も加えると、往時を偲べてよい思い出になる。
▽サクラの季節であれば、多摩森林科学園（高尾駅から徒歩10分）に寄れば、全国のサクラの標本を見学す

富士見台。富士山を楽しみながらベンチでひと息入れよう

サクラと八王子市内の展望が楽しめる松木曲輪

大天守跡の小ピーク。詰の城天守閣跡の石碑がある

八王子神社、松木曲輪《まつきまがりわ》がある。休憩に適した場所で、春は松木曲輪のサクラと展望が楽しみだ。

　神社裏を登ると本丸跡のある**深**《ふか》**沢山**《さわやま》（城山）山頂だが、樹木に囲まれ展望は得られない。頂上広場に戻り西に行くとトイレがあり、ほどなく井戸に出る。すぐに分岐を左下に下るが、途中に標識があるので見落とさないこと。

　登山道は山腹を巻き鞍部に出ると「八王子城駒冷場《こまひやしば》」の石柱が建っている。やがて木々に囲まれた「詰《つめ》の城天守閣《しろてんしゅかく》跡」の石碑がある**大天守跡**の小ピークに着く。やせ尾根のつづら折りをたどると、北高尾山稜への分岐に着く。左へ曲がるとベンチがある**富士見台**《ふじみだい》で、樹木の向こうに富士山や高尾の山稜を望むことができる。

　坂を下り、木の根の道を登り返す。**荒井**《あらい》**分岐**を直進し、城山（御《ご》主殿《しゅでん》）への分岐を右へ下ると3体の地蔵が祀られているピークに着く。中央道が近づくにつれて車の騒音が大きくなる。中央道を右に見るとすべりやすい岩の道になり、注意しながら下ろう。中央道を抜けると、小仏関跡《こぼとけせき》がある**駒木野**《こまぎの》**バス停**は近い。（大倉洋右）

ることができる。

■問合せ先
八王子市観光課☎042・626・3111、西東京バス本社☎042・646・9041、京王バス高尾営業所☎042・666・4607、八王子城跡ガイダンス施設☎042・663・2800

■2万5000分ノ1地形図
八王子

CHECK POINT

1 登山口にある管理事務所。トイレも併設されている

2 新道と旧道が合流する八合目の棚門台跡

3 井戸の先にある分岐は左下へ。方向注意

4 荒井分岐。直進の駒木野バス停方向へとる

5 中央道近くの岩場の下り。雨天時はスリップに注意

6 ゴールとなる駒木野バス停。近くには旧甲州街道の小仏関跡がある

＊コース図は120・121ページを参照。

ヤマザクラが咲く堂所山付近の道。正面の山は生藤山

36 歴史に想いを馳せ、自然と触れ合う静かな山歩き

堂所山

どうどころやま
731m

日帰り

歩行時間＝3時間50分
歩行距離＝10・3km

技術度
体力度

コース定数	＝17
標高差	＝488m
累積標高差	↗666m ↘750m

裏高尾《うらたかお》と北《きた》高尾の分岐点に位置する堂所山。その昔、武田《たけだ》勢が敵襲を知らせる「鐘の堂」があったことから、堂所山とよばれるようになったともいわれている。ここでは、陣馬《じんば》高原から山頂に立ち、北高尾山稜上の関場《せきば》峠を経て小下《こげ》沢《さわ》に下る、静かで豊かな自然と触れ合えるコースを紹介する。

ベンチがある堂所山山頂

底沢峠への登り

陣馬高原下《した》バス停を出発してすぐの陣馬高原下分岐を、左の底沢《そこさわ》峠方面へ。20分ほど林道を進むと、**養魚場**やキャンプ場跡が見え、さらに少し行くと、緑のガードレールがある。奈良子《ならこ》峠と底沢峠の分岐で左の橋を渡ると舗装道は終わる。再び緑のガードレールが現れ橋を渡ると**登山口**で、左の底沢峠方面へ。ここから登山道となる。

針葉樹の樹林帯をジグザグに登ると、やがて展望が開けてくる。さらに登っていくと落葉樹の樹林となる。新緑やヤマザクラ、紅葉などが美しい場所だ。落葉している時期には木の間から目指す堂所山が見え隠れする。

再び針葉樹の樹林帯に入ると、まもなく縦走路上の**底沢峠**に到着

■**鉄道・バス**
往路＝JR中央本線、京王電鉄高尾線高尾駅から西東京バスで陣馬高原下へ。
復路＝梅の里入口から京王バスで高尾駅へ（高尾山口駅行きは23年4月に廃止された）。
■**マイカー**
縦走コースのためマイカーは不適。利用する場合は高尾駅周辺のコインパーキングなどに車を停め、先述のバスで移動することになる。
■**登山適期**
2月下旬からスプリング・エフェメラルの頃、4月のヤマザクラ、5月からの新緑や蝶や野鳥の観察、盛夏の沢沿い歩き、秋の紅葉時期などが適している。
■**アドバイス**
▽堂所山から関場峠までの下りは、急なところもあり、落葉の時期や降

緑鮮やかな小下沢沿いを行く

木下沢梅林。1400本もの紅梅・白梅が咲く梅の里

(左上から)ネコノメソウ、タカオスミレ、ニリンソウ、ハナネコノメソウ

する。右は明王《みょうおう》峠や陣馬山《さん》、左は景信山《かげのぶやま》への道だ。左へ進むと、樹林が伐採された明るい場所に出る。そこから階段状の道を下り樹林帯に入るとベンチがあり、そのすぐ先に**堂所山と景信山方面の分岐**がある。木の根が張り出した道を、足もとに注意しながら登っていくと、ほどなく**堂所山**山頂に着く。北側はヤマザクラの奥に生藤《しょうとう》山《さん》や陣馬山が見える。

ここから八王子《はちおうじ》城跡方面に向け、少々のアップダウンをくり返しながら関場峠まで下る。木の根やササに覆われた箇所もあり、足もとに注意して歩く。**関場峠**には小下沢風景林の大きな看板と道標があり、右の小下沢林道方面に下る。

ここから木下沢《こげさわ》梅林までは、小下沢沿いの林道歩きとなる。小下沢は2月のウメにはじまり、スプリング・エフェメラル、新緑、蝶に野鳥、11月の紅葉まで季節に応じて自然に触れ合える。また、東京にいることを忘れそうな渓谷のような姿を現す場所もあり、いつ訪れても楽しめる。

浩宮殿下《ひろのみやでんか》誕生記念植林地碑まで来ると、10分ほどで**キャンプ場跡**の広場に到着する。景信山と狐《きつね》塚《づか》峠の分岐ともなっている。さらに林道を30分ほど進むと、**木下沢梅林**に到着する。中央《ちゅうおう》道の下を通り、線路沿いに舗装道を下ると、前方に**梅《うめ》の里《さと》入口バス停**が見えてくる。

(楠田英子)

CHECK POINT

1 陣馬高原下分岐。陣馬街道を離れ、底沢峠への道標にしたがい小道に入る

2 橋を渡って右に曲がると、すぐ左手に底沢峠への登山口がある

3 足もとに古い石柱が立つ縦走路上の底沢峠。樹間から目指す堂所山が見える

4 景信山と堂所山の分岐。案内にしたがい正面の尾根道に入っていく

5 関場峠にある小下沢風景林の看板。右(写真では左)の小下沢林道に入る

6 小下沢キャンプ場跡。右の小下沢を渡ると水場がある

＊コース図は120・121ページを参照。

雪時はすべりやすく注意が必要。

▽小下沢林道は貴重な山野草や野生動物にも出会える場所。自然保護の精神で歩きたい。

▽小下沢林道は携帯電話の電波はほとんど届かない。

■問合せ先

八王子市観光課☎042・626・3111、高尾ビジターセンター☎042・664・7872、西東京バス本社☎042・646・9041、京王バス高尾営業所☎042・666・4607

■2万5000分ノ1地形図

与瀬

37

広葉樹の森に抱かれて、展望と静寂を楽しむ山歩き

草戸山

くさとやま
364m

日帰り

歩行時間＝3時間55分
歩行距離＝9・1km

技術度
体力度

コース定数	＝**15**
標高差	＝232m
累積標高差	↗ 491m ↘ 491m

草戸山の展望台に上がれば、都心のパノラマが広がる

草戸山は標高の割に急傾斜もあるが、要所で展望が楽しめ、高尾《たかお》山口《さんぐち》駅を起点としながらも、対峙する高尾山の喧騒をよそに、静かな尾根歩きができる山だ。

高尾山口駅を出て、国道20号を右折し進む。ひとつ先「高尾山入口」の信号を左へ渡り、料亭の横を入る。住宅街を進むと、ほどなく住宅の間に続いている登山道が現れる。10分ほど雑木林の中を登ると、明るく開けた**四辻**《よつじ》とよばれる鞍部《あんぶ》に出る。

高尾山稜線が見わたせる草戸峠

道標にしたがい、草戸山へ続く尾根道を行く。登りはじめは緩やかだが、徐々にきついアップダウンをくり返すようになる。木々の間から富士山《ふじさん》が顔をのぞかせる富士見《ふじみ》ベンチをすぎ、小ピークを越え、送電塔の下を通る。やがて左側に鉄条網で張られたフェンスが現れ、しばらくそれに沿って進む。途中、右に梅《うめ》の木《き》平《だいら》への道を分け、まもなく小広く開けた**草戸峠**に着く。登山道に沿って置かれたベンチから、高尾の山々がよく見える。

峠から**草戸山**山頂へは、急坂をひと登りで到着だ。松見平《まつみだいら》休憩所ともよばれる広い山頂には、テーブルやベンチ、あずまや式の展望台があり、八王子《はちおうじ》市街や都心方面、城山《しろやま》湖の眺望がよい。

山頂から三沢《みさわ》峠へは急登の階段が2度続き、登りきったところにふれあい休憩所がある。峰《みね》の薬師《やくし》への分岐を通過すると、まもなく

■鉄道・バス
往路・復路＝116ページ「高尾山①」の往路を参照。

■マイカー
116ページ「高尾山①」を参照。

■登山適期
四季それぞれに趣があるが、広葉樹が多いので新緑や紅葉の頃がベスト。高尾山が大混雑している時も穴場となるので、ぜひ訪れて欲しい。

■アドバイス
▽本コースには、途中にトイレがないことを頭に入れておこう。
▽「うかい竹亭」近くの小坂家では、裏山の斜面にみごとなカタクリの群生が見られる。ニリンソウ、ヤマブキソウと、その後も次々に春の花が見ごろを迎える。ただし一般のお宅につき、見学時はくれぐれも迷惑をかけないこと。協力金100円。

■問合せ先
町田市観光まちづくり課☎042・724・2128、八王子市観光課☎042・626・3111

■2万5000分ノ1地形図
八王子

三沢峠は小広く、南高尾と東高尾を結ぶ主要分岐となっている

草戸山の稜線は、黄葉がとても美しい

鉄塔が立つ**榎窪山**《えのくぼやま》のピークに着く。道標を確認して右へ進み、下りきればベンチのある**三沢峠**に着く。ここは南高尾と東高尾の稜線の岐路であり、ここから梅の木平へと下っていく。

林道をなだらかに下り、榎窪川沿いに進む。途中あずまやを右に見て、高尾グリーンセンターをすぎ道なりに行くと、特養ホームの前に出る。舗装道を進み、「うかい竹亭《ちくてい》」を右に見て突き当たりを右折する。ここはあぜ道のようなところで、分岐がわかりづらい。川を左に見て進むが、個人宅の田畑に入らないよう注意する。**梅の木橋**を渡り、国道20号に出たら右折し直進すれば、30分ほどで**高尾山口駅**に着く。

（文＝高梨智子、写真＝渡邉明博）

CHECK POINT

高尾山口駅前広場にある案内図でコースを確認しておこう

高尾山入口信号を渡り、料亭右の坂道を上がっていく

ベンチが置かれている草戸峠。高尾山がよく見える場所だ

広い草戸山の山頂は憩いのフィールドだ。多くのハイカーでにぎわう

宿泊も可能な高尾グリーンセンターは森林整備も行っている

圏央道高尾山ICの交差点をアンダーパスで通過する

38

神津島・天上山

伊豆七島の神々が集う花の名山で360度の海上展望を楽しむ

日帰り

歩行時間＝4時間5分
歩行距離＝5・2㎞

こうづしま・てんじょうさん
572m

技術度 体力度

コース定数＝**14**

標高差＝394m

累積標高差 514m 533m

月世界のような裏砂漠。オオシマツツジの赤い花が白砂に映える

東京都の大きさを改めて知る伊豆《いず》の島々。洋上の島々の風景を楽しみながら、神津島を目指そう。船の場合、西の前浜《まえはま》か東の多幸湾《たこうわん》に入港する。両港とも天上山が迫ってくる。今回は黒《くろ》島《しま》登山口から登り、白島《しろしま》登山口へ下るコースだ。

黒島登山口は花の百名山の標識、登山届ポスト、杖などが設置されている。登りはじめから急なジグザクの登りだが道はよく整備され、前浜や高処山《こうしょさん》を眺めながら快適な道が続く。合目表示が山頂台地一角の**黒島十合目**まであり、目安となる。

登り着いた山頂台地には、江戸期に海上防衛の目的でつくられたオロシャ石塁《せきるい》、火口跡に雨水が貯まった千代池《せんだい》がある。樹木のトンネルの中を歩き、視界が開ければ**表《おもて》・裏砂漠《うらさばく》の分岐**だ。

裏砂漠への道をたどり低木地帯を抜けると、月世界のような**裏砂漠**に出る。オオシマツツジの季節（5月中旬～下旬）であれば、ピンクのツツジの島が浮かぶ。先にある分岐を右に行くと**裏砂漠展望台**だ。眼下に祇苗島《ただなえ》や三宅島《みやけ》、御蔵《みくら》

■船・飛行機・バス

往路＝神津島港（前浜港）から黒島登山口へタクシー10分または徒歩40分。

復路＝白島登山口から神津島港（前浜港）へタクシー約5分または徒歩30分。

神津島港へは、船を利用の場合、竹芝から大型客船とジェット船、熱海港からジェット船（ともに東海汽船）、下田港から大型客船が運航（神新汽船）。飛行機は、調布飛行場から神津島空港へ新中央航空が運航。神津島空港から神津島港へは村営バスで移動する。

■レンタカー

東海汽船は車の航送を行なっていないので、島内のレンタカーを利用する。白島登山口から天上山をピストンする場合、白島六合目登山口の駐車スペースの利用が可能。

■登山適期

オオシマツツジなどの花が多く咲く5月中旬～下旬が最適だろう。秋は伊豆の島々の眺望が楽しめる。冬は空気が澄んで眺めはよいが、船が欠航することがある。夏は蒸し暑い。

■アドバイス

▽大型客船は乗船時間が10～12時間と長い。ジェット船は乗船時間こそ4時間程度だが、海の状況で欠航することも。船は西の前浜に入港するが、状況により東の多幸湾に入港す

神津島の西側にある前浜港。天上山が眼前に迫る

新東京百景展望地からの式根島などの眺め

火口跡に雨水が貯まってできた千代池

ベンチのある表砂漠

オオシマツツジ

裏砂漠展望地からの祇苗島と三宅島（奥）

島が望める。

表砂漠への道はオオシマツツジ、コウヅシマツツジなど花が見られ、花の名山を味わえる。不動《ふどう》池分岐で右へ登ると、景勝地の**新東京百景展望地**だ。バウムクーヘンのような櫛ヶ峰《くしがみね》の奥に、伊豆の島々が見わたせる。不動池分岐まで戻り、右に行けばベンチのある**表砂漠**だ。天上山は眼前である。

岩の急坂をひと登りすれば**天上山**山頂だ。島の最高点だけにさえぎるものはなく、三宅島や式根《しきね》島、運がよければ富士山《ふじさん》まで望める。

下山は崩れやすい岩場の道で、左は断崖絶壁になっている。右の不入《はいらない》が沢は、昔伊豆の神々が水配りの会議を開いたという神話の地で、ここでもツツジが見られる。

白島下山口からは白島下山道の整備された道を下る。前半は眺めがよく、八合目からは樹木帯を行く。那智堂《なちどう》をすぎ、すべりやすい石段を下ると**白島登山口**はまもなくである。前浜の港まで歩けば30分だ。

（大倉洋右）

ることがある。冬は風の影響で大型客船、ジェット船ともに欠航することがあるので、事前に確認するとともに、余裕のある日程を組みたい。

▽前浜港～多幸港間は村営バスが運行している。

▽日帰りは不可能なので島内で1泊する計画となり、1日目に登るか、または2日目に登ることになる。空いた時間は島内観光を楽しみたい。神津島温泉保養センター、赤崎遊歩道、流人墓地など見どころは多い。

▽宿泊の予約の際、宿の車で黒島登山口まで送ってもらうよう交渉するとよい。

▽登山マップは神津島村のホームページや前浜の観光協会、黒島登山口などで入手できる。

▽山頂台地の登山道は分岐が多いため、道標などをよく確認しよう。

■問合せ先

神津島村産業観光課☎04992・8・0011、神津島観光協会（宿泊やレンタカーも）☎04992・8・0321、東海汽船本社☎03・5472・9999、神新汽船☎0558・22・2626、新中央航空☎0422・31・4191、神津島交通（タクシー）☎04992・8・0040、都島タクシー☎04992・8・0147

■2万5000分ノ1地形図

神津島

＊コース図は136ページを参照。

CHECK POINT

「花の百名山」標識がある黒島登山口。ポストには登山案内書や杖が用意されている

黒島登山道十合目近くのオロシャ石塁。江戸時代に海上防衛のためにつくられた遺構

砂漠分岐。裏砂漠へは右に登っていく。表砂漠は直進する

天上山頂手前の不動池分岐。岩山に囲まれた表砂漠の展望地で、小さな祠がある

いくつものピークで構成される天上山の最高地点（572${}^{メー}_{トル}$）。360度の展望が満喫できる

伊豆諸島の神々が水を分ける相談したと伝えられる不入が沢。オオシマツツジの花が彩りを添える

白島下山口からは整備された下山道が続く。前方に前浜港、振り返ると天上山が望める

白島登山口。前浜港までは徒歩で30分程度。黒島登山口で杖を借りたら、ここで戻しておく

39

八丈島・三原山

はちじょうじま・みはらやま
701m

カルデラを一周して爽快な展望と神秘の滝・沼を堪能する！

日帰り

歩行時間＝4時間15分
歩行距離＝12・7km

技術度
体力度

コース定数＝**20**
標高差＝562m
累積標高差 ↗828m ↘1039m

三原山（東山）山頂。太平洋を望む狭いピークだ

↑エメラルドブルーの水をたたえる硫黄沼。水面の色は天候により変化する

←迫力ある唐滝（落差30メートル）。硫黄沼とともに島内有数のパワースポットとなっている

三原山は八丈島の南東部に位置する活火山で、空港付近から見ると北西部にある八丈富士《ふじ》（西山《にしやま》）の反対側に堂々とした姿が見えるので東山《ひがしやま》ともよばれる。今回の登山口にはバスの便がないので、タクシーを使うか、役場付近から防衛道路を歩くことになる。

防衛《ぼうえい》道路の登山口から舗装された緩やかな坂道を15分ほど登るとNTTの**中継アンテナ施設**があり、ここの脇から登山用の狭い石段が続いている。40分ほど見通しのよくない石段の道を登っていくと**カルデラの縁**に出て視界が開け、晴れていれば背後に八丈富士や八丈小島《こじま》を望むことができる。行く手の稜線の先には防災無線のアンテナと山頂が見えてくる。ここから10分あまりの稜線歩きで**三原山**の山頂に着く。

全島を見晴らす景色を楽しんだら、すぐ下にある中継所の建物の脇に降りて、舗装された林道を下っていく。30分足らずで**三原林道**に合流し、さらに下る。曲がりくねった林道を1時間あまり下ると

＊コース図は140・141ページを参照。

＊2023年5月現在、本コースの硫黄沼～唐滝間は斜面崩落により通行不可。詳細は八丈町産業観光課☎04996・2・1125へ。

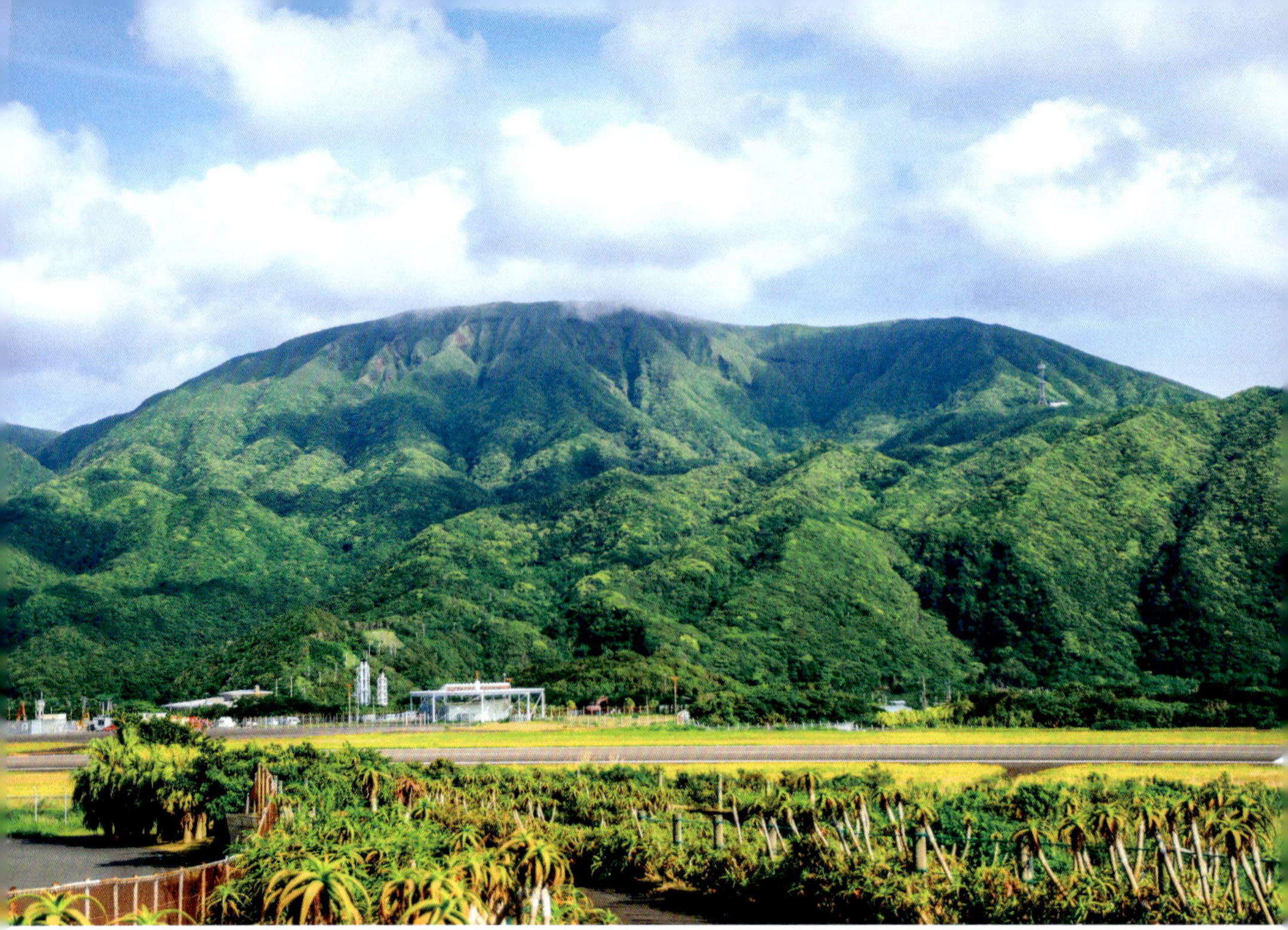

八丈島空港から見る三原山。緑に覆われたなだらかな山容だ

唐滝《から》への入口となる分岐があるので、滝へ寄っていこう。

だらだらとした坂道を20分あまり登っていくと沢沿いの足場の悪い道になり、やや手こずりながら進むと**唐滝**に出る。唐滝は三原山のカルデラ底から流れ落ちる落差30《メートル》ほどの滝で、見応えがある。

往路を10分ほど戻ったあたりにある硫黄《いおう》沼は30《メートル》四方くらいの大きさだが、深い緑の水が周囲の景色を映す、魅力的な沼である。

30分歩いて**唐滝入口**へ戻り、近くなってきた海岸の風景を見ながら人家の間を20分ほど下ると富次《とみじ》朗《ろう》商店バス停のある**樫立《かしたて》登山口**に着く。

島内は全般に交通機関の便はあまりよくないので、時間に余裕がない場合には車（レンタカーなど）の利用が便利だ。本コースの場合は防衛道路の登山口の駐車場に駐車して三原山山頂を往復し、次に車で唐滝の駐車場へ移動して唐滝を往復すれば、所要時間は大幅に短縮できる。

（宮川 正）

■船・飛行機・バス
往路＝底土港（または八重根港）、八丈島空港からタクシーで防衛道路の登山口へ。
復路＝富次朗商店から八丈町営バスで八丈町中心部へ。
八丈島（底土港または八重根港）へは、船を利用の場合、竹芝から東海汽船の大型客船が運航。飛行機は、羽田空港から八丈島空港へ全日空が運航。

■レンタカー
東海汽船は車の航送を行なっていないので、島内のレンタカーを利用する。防衛道路の登山口近くに2～3台の駐車スペース、唐滝への入口付近に数台の駐車スペースがある。

■登山適期
季節による適否はとくになし。

■アドバイス
▽大型客船は東京を夜に発ち、八丈

朽木を覆う苔が美しい大池への入口。時間があれば立ち寄ろう

写真協力＝藤岡信孝

CHECK POINT

1 防衛道路沿いの登山口。道路の反対側に数台の駐車スペースがある。水場やトイレはない

2 登りはじめから15分ほどでNTTのアンテナ塔へ。アンテナ脇に登山用の石段がある

3 石段はカルデラの縁に出るまで続く。時間にして40分ほど。あせらずゆっくり登っていこう

4 三原山の山頂へは防災無線アンテナの横を通り抜けていく。山頂からの下りはややわかりづらい箇所があるので注意したい

5 三原林道との合流点。山頂に最短時間で立つ場合はここまで車で入り、山頂を往復する

6 三原林道を40分ほど下ると唐滝への分岐があるが、ここはそのまま林道を下っていく

7 三原林道を下っていくと唐滝への入口に出る。右に進んだ先に無料の駐車スペースがある

8 唐滝への入口から20分ほどで硫黄沼への下り口に出る。エメラルドブルーの水面が印象的な沼へは左に進む

9 八丈島一周道路上の樫立登山口。すぐ傍に富次朗商店バス停があるが、本数は少ない

島着は9時前。効率よく登るなら、初日は大型客船下船後に三原山に登頂、翌日は八丈富士（142㌻参照）に登り、下山後に飛行機で東京に戻るプランとなる。

▽大型客船は基本的には底土港発着だが、天候次第では八重根港になることもある。とくに帰りの便では間違えないよう、事前に東海汽船の案内所に問合せること。

▽宿泊予約の際、宿の車で登山口まで送ってもらうよう交渉するとよい。

▽山頂からの景色だけを楽しみたい場合には、三原林道で山頂方面への林道（一般車は通行不可）との分岐まで車で行き、山頂を往復するのが便利。（往復1時間20分弱）。

■問合せ先

八丈町観光産業課☎04996・2・1125、八丈町観光協会☎04996・2・1377、東海汽船本社☎03・5472・9999、同八丈島営業所☎04996・2・1211、全日本航空☎0570・029・222、八丈町営バス☎04996・2・1126、赤松交通（タクシー・三根）☎04996・2・0311、樫立タクシー（樫立）04996・7・0216、モービルレンタカー☎04996・2・0148

■2万5000分ノ1地形図

八丈島・八丈島南部

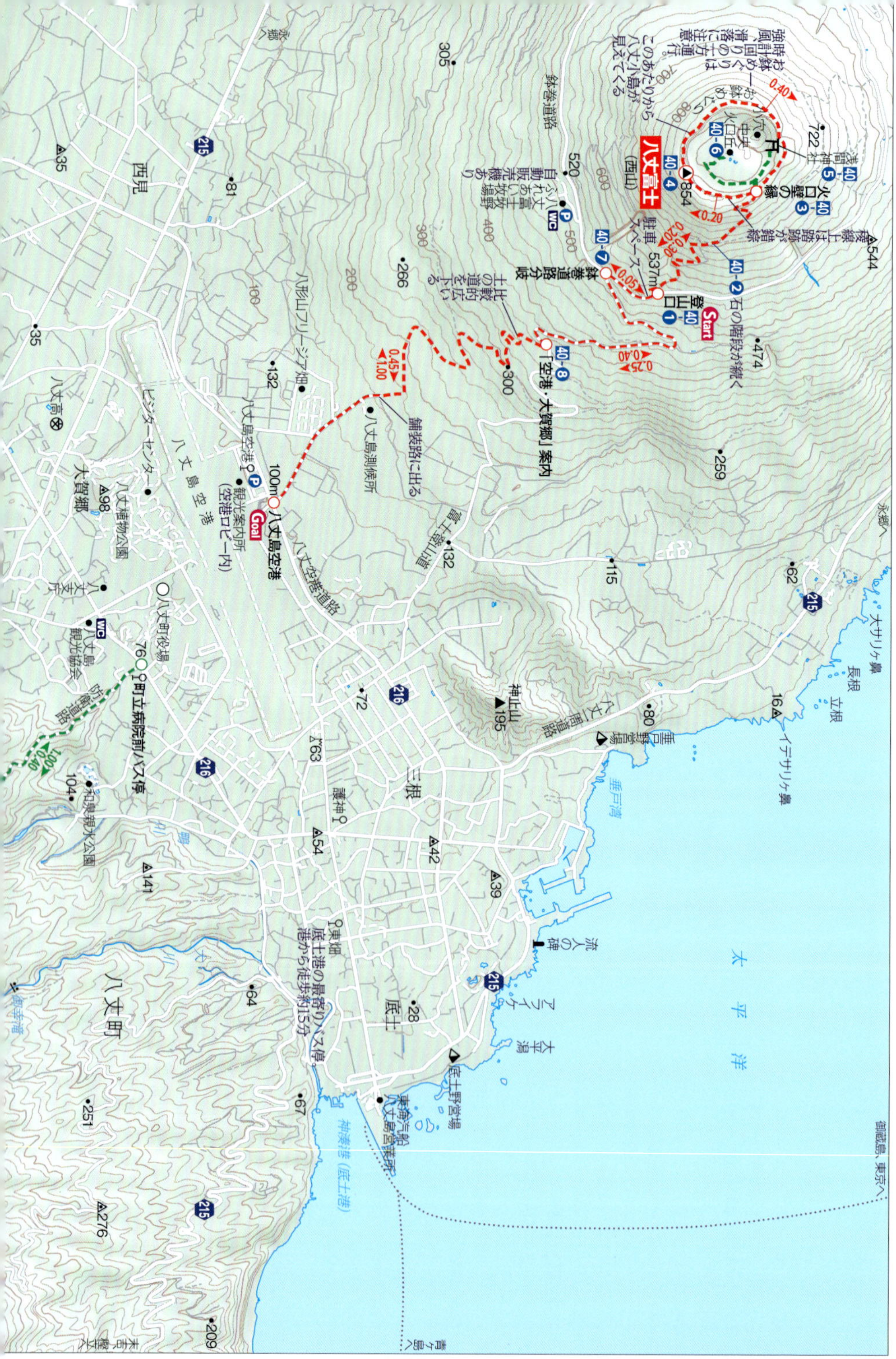
八丈富士
(西山)
854
722
火口壁の縁
浅間神社
中央火口丘
小穴
鉢巻道路
520
ふれあい牧場
八丈富士ふれあい牧場
自動販売機あり
駐車スペース
537m
鉢巻道路分岐
登山口
Start
石の階段が続く
土の道を下る
比較的広い
「空港・大賀郷」案内
舗装路に出る
八丈島測候所
八形山フリージア畑
八丈島空港
観光案内所
(空港ロビー内)
100m
八丈島空港
Goal
八丈空港道路
富士登山道
神止山
195
八丈一周道路
垂戸野営場
垂戸湾
大サリヶ鼻
長根
立根
イデサリヶ鼻
三根
底土
大賀郷
西見
八丈町
八丈支庁
八丈町役場
町立病院前バス停
八丈植物公園
ビジターセンター
八丈島観光協会
和泉親水公園
流人の碑
底土野営場
東海汽船八丈島営業所
神湊港(底土港)
底土港の最寄りバス停
港から徒歩約15分
太平洋
御蔵島、東京へ
青ヶ島へ
永郷へ

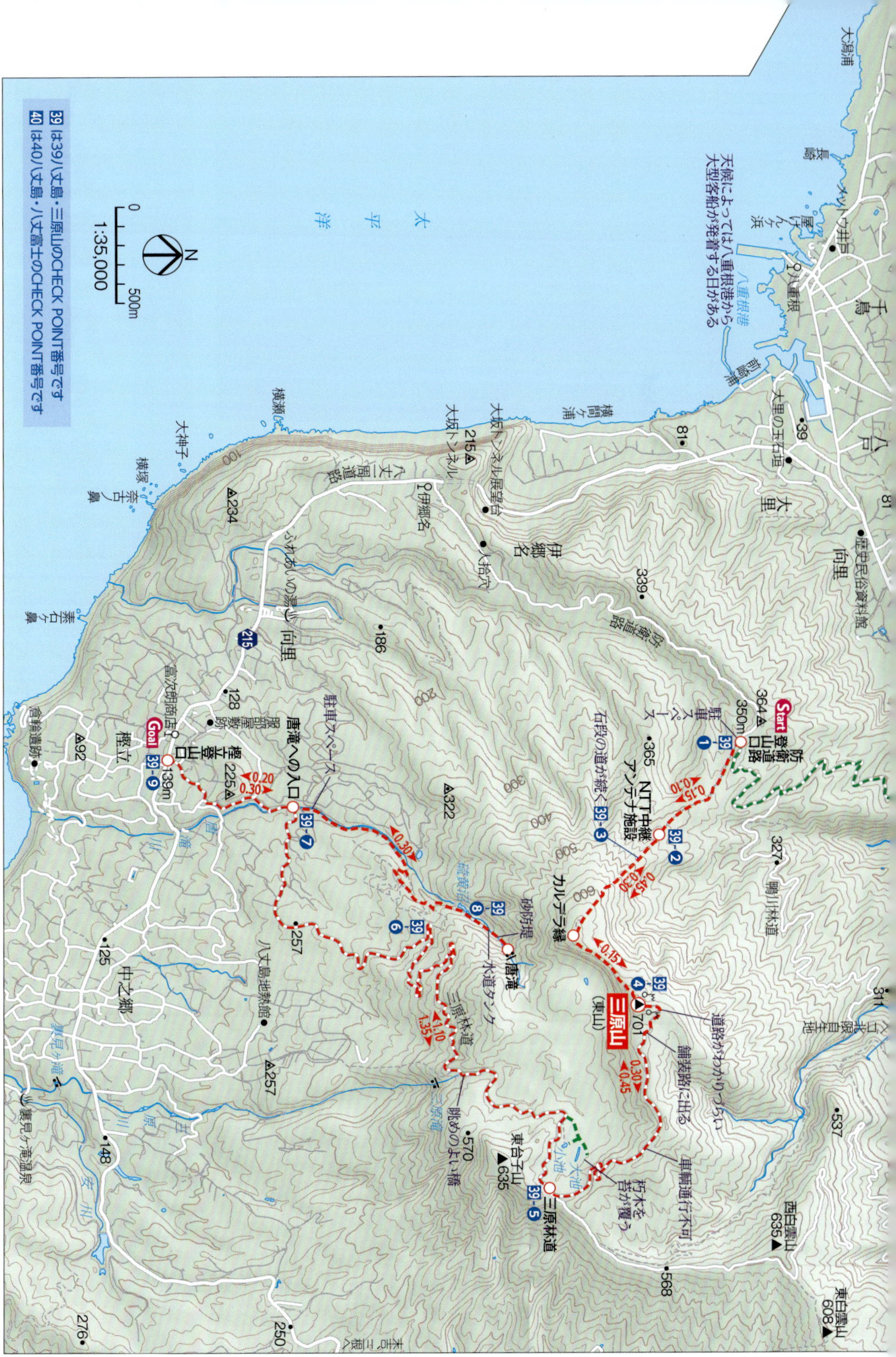
39 は39八丈島・三原山のCHECK POINT番号です
40 は40八丈島・八丈富士のCHECK POINT番号です
N
0
500m
1:35,000
太平洋
天候によっては八重根港から大型客船が発着する日がある
八重根港
Start
防衛道路登山口
364
350m
駐車スペース
NTT中継アンテナ施設
石段の道が続く
カルデラ縁
三原山
(東山)
701
道路がわかりづらい
舗装路に出る
車両通行不可
朽木を苔が覆う
小池
大池
三原林道
東台子山
635
眺めのよい橋
570
水道タンク
唐滝
砂防堤
唐滝への入口
駐車スペース
樫立登山口
225
139m
Goal
樫立
服部屋敷跡
富次朗商店
128
向里
ふれあいの湯
186
322
257
八丈島地熱館
中之郷
裏見ヶ滝
裏見ヶ滝温泉
伊郷名
八丈一周道路
大坂トンネル
大坂トンネル展望台
215
横間ヶ浦
横瀬
大神子
234
339
防衛道路
327
鴨川林道
537
西白雲山
635
東白雲山
608
568
250
276
148
125
92
81
39
歴史民俗資料館

島の南東部からの八丈富士。富士の名にふさわしい美しい姿を見せる

40 八丈島・八丈富士

はちじょうじま・はちじょうふじ
854m

圧倒的な火口の絶景に驚き、真っ青な空と海の景色を堪能する

日帰り

歩行時間＝3時間5分
歩行距離＝8・2km

技術度
体力度

コース定数＝**13**

標高差＝754m

累積標高差 399m 836m

八丈島の北西部に位置し、島の最高峰である八丈富士は、洋上からもよく見えるコニーデ式の美しい形の火山だ。

八丈島空港から7合目の**登山口**までタクシーで15分ほど。近くには数十頭の乳牛がいる「ふれあい牧場」があり、登山後に訪れてのんびり眼下の海を背景に牛を眺めるのもよいだろう。

支度を整えたら、整備された石の階段を登りはじめる。斜度はかなりきつく息が弾むが、手すりもついているので、眼下に見えてくる町並みや海、空港の反対側にそびえる三原山《みはらやま》などの景色を楽しみながらゆっくり登ろう。

30分ほどで**火口壁の縁**に出る。火口壁の全体を目にすると、緑に包まれた内壁の大きさに思わず声が出るに違いない。ここから火口壁（お鉢）をひと回りする。登ってきた階段を背にして左の方向へ向かう。数㍍幅の火口壁上の草むらや火山岩の中に、何本もの踏跡が交錯しているので、迷わないように慎重に進もう。20分ほど歩くと山頂の石柱が立つ、**八丈富士**の山頂に着く。

さらに15分ほど進むと、左手には真っ青な海の中に八丈小《こ》島の姿が見えてくる。眼下には西側の海岸や集落の様子も眺められる。この付近では登山道が火口壁の縁のすぐ脇を通っており、滑落しないように慎重に歩きたい。

■船・飛行機・バス
往路＝底土港（または八重根港）、八丈島空港からタクシーで登山口へ。
復路＝八丈島空港、またはタクシーで底土港（または八重根港）へ。
八丈島へのアクセスは137㌻「八丈島・三原山」を参照）。

■レンタカー
島内のレンタカーを利用する。登山口に数台分の駐車スペースあり。

■登山適期
季節による適否はとくになし。

■アドバイス
▽火口壁（お鉢）の周回路は幅が狭く、時計回りの一方通行。足もとも悪いので、登山靴やそれに準ずる装備が適している。
▽空港からの標高差約750㍍を登って山頂に立てば、ハードながらもより充実した登山になるだろう。下山にタクシーを使うなら予約しておくか、山頂で携帯電話が使えるので、下山時によんでもよいだろう。

■問合せ先
八丈町観光産業課☎04996・2・1125、八丈町観光協会☎04996・2・1377、東海汽船本社☎03・5472・9999、同八丈島営業所☎04996・2・1211、全日本航空☎0570・029・222、赤松交通（タクシー・三根）☎04996・2・0311、愛光観光タクシー（大賀郷）049

火口壁の内側は切れ落ちているので注意

カルデラの内部。複式火山だけに複雑な形状をなす

火口壁からの八丈小島。八丈小島は周囲約9キロの無人島

CHECK POINT

1 八丈富士の中腹を一周する鉢巻道路にある登山口

2 登山口から火口稜線へは1280段の階段を上がっていく

3 登山口から30分ほどの登りで火口稜線へ。強風時は無理せずここで引き返す

4 山名の石柱が立つ八丈富士山頂。空港や三原山などが見わたせる

5 火口内の浅間神社の鳥居。横から深さ約60メートルの陥没孔・小穴がのぞける

6 中央火口丘からは深い緑に覆われた火口壁の内部を一望できる

7 登山口に戻り、鉢巻道路を5分ほど進むと分岐がある。ここを左へ

8 7から20分ほどで案内のある分岐に出る。「空港・大賀郷」の方向へ進む

1時間ほどで火口壁を一周し、**火口壁の縁**の分岐に戻ってくる。時間に余裕があれば、右に進んで火口の中に下りてみよう。火口内への細い道を下りてすぐの三叉路を右へ数分行くと、浅間《せんげん》神社の鳥居がある。引き返して三叉路を逆方向に向かい、やぶの不明瞭な道を数分登ると中央火口丘の上に出る。ここからは、火口の内壁をぐるりと見回すことができる。

下山は**火口壁の縁**に戻り、もと来た石段を下りる。**登山口**に戻ったら鉢巻《はちまき》道路を右へ進み、すぐ先の**分岐**を左へ折れて下っていく。20分ほどで右手に**「空港・大賀郷《おおかごう》」の案内**があるのでそちらへ入り、土の林道を下る。やがて舗装された車道に出て、さらに15分ほどで**八丈島空港**に着く。

（宮川 正）

96・2・0392、モービルレンタカー☎04996・2・0148
■2万5000分ノ1地形図
八丈島

＊コース図は140・141ページを参照。

尾瀬山行での記念撮影

■執筆者

青木貴子、秋山久江、上田恭裕、大倉洋右、小倉謙治、菊地弘幸、楠田英子、作間和夫、澤井紀子、塩田論司、庄内春滋、鈴木弘之、高梨智子、星野恒行、宮川 正、山下 仁、渡邉明博

■取材・写真・制作協力

上野玲奈、田中靖子、藤岡信孝、柳澤達彦

●著者紹介

山岳写真ASA（さんがくしゃしん アーサー）

1969（昭和44）年の創立以来、日本各地の山岳景観を撮影することを主な目的として活動する社会人山岳会（会長：渡邉明博、会員数：約50名。公益社団法人 東京都山岳連盟加盟）。山岳会として安全登山を続けながら、そこで出会う美しい光景をカメラにおさめている。

東京都山岳連盟の中でも「山と写真」の両面を追求し、山岳雑誌などの取材も行う個性派の会として認識され、本書以外にもヤマケイアルペンガイド『奥多摩・奥秩父』（山と溪谷社）の著者として奥多摩を担当している。

また、毎年1回、会員が撮りためた作品による定例写真展を開催するとともに、A2版・13枚綴りのオリジナルカレンダー『岳』を継続して制作し、全国に多くのファンをもつ。

今後も自然が織りなす感動的なシャッターチャンスをとらえ、多くの登山・写真愛好家と共有することを目指している。

活動や入会などの詳細は下記ホームページを参照のこと。

【山岳写真ASAホームページ】
https://sangakuasa.wixsite.com/gakuasa/
（山岳写真ASAで検索）

分県登山ガイド12

東京都の山

2018年4月30日 初版第1刷発行
2023年7月 1日 初版第2刷発行

編著者 —— 山岳写真 ASA
発行人 —— 川崎深雪
発行所 —— 株式会社 山と溪谷社
〒101-0051
東京都千代田区神田神保町1丁目105番地
https://www.yamakei.co.jp/

●編集
吉田祐介
●ブック・カバーデザイン
I.D.G.
● DTP
株式会社 千秋社（北原菜美子）
● MAP
株式会社 千秋社（細井智喜）

■乱丁・落丁、及び内容に関するお問合せ先
山と溪谷社自動応答サービス TEL03-6744-1900
受付時間／11:00～16:00（土日、祝日を除く）
メールもご利用ください。
【乱丁・落丁】service@yamakei.co.jp
【内容】info@yamakei.co.jp
■書店・取次様からのご注文先
山と溪谷社受注センター
TEL048-458-3455 FAX048-421-0513
■書店・取次様からのご注文以外のお問合せ先
eigyo@yamakei.co.jp

印刷所 —— 大日本印刷株式会社
製本所 —— 株式会社明光社

ISBN978-4-635-02042-8

■本書に掲載した地図は、国土地理院長の承認を得て、同院発行の数値地図（国土基本情報）電子国土基本図（地図情報）、数値地図（国土基本情報）電子国土基本図（地名情報）、数値地図（国土基本情報）基盤地図情報（数値標高モデル）及び数値地図（国土基本情報20万）を使用したものです。（承認番号 平29情使、第1541号）

■各紹介コースの「コース定数」および「体力度のランク」については、鹿屋体育大学教授・山本正嘉さんの指導とアドバイスに基づいて算出したものです。

■本書に掲載した歩行距離、累積標高差の計算には、DAN杉本さん作製の「カシミール3D」を利用させていただきました。